studio d A2

Deutsch als Fremdsprache

Sprachtraining | Teilband 2

von
Rita Maria Niemann

Cornelsen

studio d A2
Deutsch als Fremdsprache
Sprachtraining | Teilband 2

Herausgegeben von Hermann Funk

Im Auftrag des Verlages erarbeitet von Rita Niemann

In Zusammenarbeit mit der Redaktion:
Dagmar Garve (verantwortliche Redakteurin)
Nicole Abt (Bildredaktion)
Gunther Weimann (Projektleitung)

Illustrationen: Andreas Terglane
Layout und technische Umsetzung: Satzinform, Berlin
Umschlaggestaltung: Klein & Halm, Berlin

Das Lehrwerk **studio d** erscheint in zwei Ausgaben: einer dreibändigen und einer fünfbändigen. Zu jedem Band gibt es ein Sprachtraining. Diese Ausgabe bietet Ihnen zusätzliches Übungsmaterial zu den Einheiten 7 bis 12 des A2-Bandes. **studio d** orientiert sich eng an den Niveaustufen des Gemeinsamen europäischen Referenzrahmens. Band 1 und 2 führen zur Niveaustufe A1, Band 3 und 4 zu A2 und der fünfte Band (identisch mit dem dritten Band der dreibändigen Ausgabe) führt Sie zum Zertifikat Deutsch.

Weitere Kursmaterialien:
Kurs- und Übungsbuch, Teilband 2 ISBN 978-3-464-20768-0
Audio-CD, Teilband 2 ISBN 978-3-464-20775-8
Audio-Kassette, Teilband 2 ISBN 978-3-464-20784-0
Vokabeltaschenbuch, Teilband 2 ISBN 978-3-464-20793-2
Video A2 (VHS) ISBN 978-3-464-20740-6
Video A2 (DVD) ISBN 978-3-464-20846-5
Unterrichtsvorbereitung (Print) A2 ISBN 978-3-464-20733-8
Unterrichtsvorbereitung interaktiv A2 ISBN 978-3-464-20747-5

www.cornelsen.de

Die Internetadressen und -dateien, die in diesem Lehrwerk angegeben sind, wurden vor Drucklegung geprüft. Der Verlag übernimmt keine Gewähr für die Aktualität und den Inhalt dieser Adressen und Dateien oder solcher, die mit ihnen verlinkt sind.

1. Auflage, 1. Druck 2007

Alle Drucke dieser Auflage sind inhaltlich unverändert und können im Unterricht nebeneinander verwendet werden.

Druck: CS-Druck CornelsenStürtz, Berlin

ISBN 978-3-464-20816-8

Inhalt gedruckt auf säurefreiem Papier aus nachhaltiger Forstwirtschaft.

Inhalt

7 Zu Hause

1 Eine „Wohnbiografie“

a) Ordnen Sie den Text.

Als ich in die Schule musste, wollten meine Eltern, dass ich mehr Deutsch spreche, und so sind wir dann nach Köln gezogen. Wir haben bei Köln in einem großen Haus mit Garten gelebt, und ich habe zu meinem achten Geburtstag einen Hund bekommen. Dann haben meine Eltern sich getrennt, und ich bin mit meiner Mutter zu ihren Eltern nach Bremen gezogen.

Nächstes Jahr geht meine Ausbildung in Thailand weiter. Sie schicken mich in ein großes Hotel auf der Insel Phuket. Ich freue mich schon auf die Erfahrung, aber nach meiner Ausbildung möchte ich endlich mal wieder in Deutschland leben. Hoffentlich finde ich da eine gute Stelle!

1 Ich heiße Lars und bin jetzt 19 Jahre alt. Ich bin 1987 in Hamburg geboren und in meinem Leben schon sehr oft umgezogen. Bei meinem ersten Umzug war ich schon fast ein Jahr alt. Wir sind damals nach Stuttgart gezogen, weil meine Mutter dort eine Stelle gefunden hat.

2001 bin ich mit ihnen nach Vancouver gegangen und habe in Kanada auf einer internationalen Schule meinen Schulabschluss gemacht. Jetzt mache ich eine Ausbildung in einem großen Hotel in Tokio. Ich teile mir mit einem Kollegen ein kleines Zimmer, aber das macht nichts. Da schlafe ich eigentlich nur.

Leider war die Wohnung in Bremen zu klein für meinen Hund. Es war dort auch oft langweilig, weil wir nur wenig Nachbarn mit Kindern in meinem Alter hatten. Dann hat meine Mutter Simon kennen gelernt. Er kommt aus Kanada und wollte wieder in seine Heimat zurück.

Als mein Vater auch mit dem Studium fertig war, sind wir nach Madrid gegangen. Meine Eltern konnten da beide in einer internationalen Firma arbeiten. Ich habe in Spanien den Kindergarten besucht und spreche heute noch etwas Spanisch. Leider habe ich aber keinen Kontakt mehr zu meinen spanischen Freunden.

b) Lesen Sie den Text noch einmal. Welche Reihenfolge ist richtig?

1. ☐ Hamburg ▸ Madrid ▸ Stuttgart ▸ Köln ▸ Bremen ▸ Vancouver ▸ Tokio ▸ Phuket
2. ☐ Hamburg ▸ Köln ▸ Madrid ▸ Stuttgart ▸ Bremen ▸ Vancouver ▸ Phuket ▸ Tokio
3. ☐ Hamburg ▸ Stuttgart ▸ Madrid ▸ Köln ▸ Bremen ▸ Vancouver ▸ Tokio ▸ Phuket
4. ☐ Hamburg ▸ Bremen ▸ Vancouver ▸ Tokio ▸ Köln ▸ Stuttgart ▸ Phuket ▸ Madrid

c) Was gehört zusammen? Verbinden Sie die Sätze.

Als Lars in die Schule musste,	1	a	hat die Familie ein Jahr in Stuttgart gelebt.
Weil seine Mutter Arbeit gefunden hatte,	2	b	war es dort oft langweilig.
Lars durfte seinen Hund nicht nach Bremen mitnehmen,	3	c	weil er als Kind in Madrid gelebt hat.
Er hat in Japan kein eigenes Zimmer,	4	d	sind seine Eltern mit ihm wieder nach Deutschland gezogen.
Weil sie in Bremen wenig Nachbarn mit Kindern hatten,	5	e	aber das stört ihn nicht.
Er kann heute noch etwas Spanisch,	6	f	weil die Wohnung nicht groß genug war.
Als seine Mutter einen Kanadier kennen lernte,	7	g	aber nach seiner Ausbildung möchte er nach Deutschland zurück.
Lars freut sich schon auf Thailand,	8	h	sind sie nach Kanada gezogen.

2 Wortfeld wohnen. Ergänzen Sie die Wörter.

1. Unsere Waschmaschine steht leider im K..... .... r. Wir wohnen im 5. Stock, und ich muss immer mit der Wäsche nach unten gehen.
2. Meine Wohnung ist im D..... .... s. Das ist ganz oben im Haus. Im Sommer ist es da oft sehr heiß!
3. Weil ich neue Häuser nicht schön finde, habe ich bis jetzt immer eine Wohnung in einem A..... .... u gehabt.
4. In unserer Wohngemeinschaft gibt es vier Z..... .... r, eine große Küche und ein Bad.
5. Wir wohnen im 8. Stock. Im Sommer sitzen wir abends oft mit Freunden draußen auf unserem B..... .... n.
6. Die Wohnung liegt im E..... .... s. Sie können direkt vom Wohnzimmer in den Garten gehen.
7. In der Anzeige steht, dass die frisch renovierte 3-Zimmer-Wohnung am Stadtpark Süd eine W..... .... f..... .... e von 86 qm hat.
8. Das Haus hat einen großen G..... .... n mit alten Obstbäumen.

3 **Wortfeld Umzug.** Ordnen Sie die Wörter und ergänzen Sie den Artikel.

1. UMZUGSTREINM ....
2. UMZUGSWEGAN der Umzugswagen
3. UMZUGSFMIRA ....
4. UMZUGSCAOHS ....
5. UMZUGSKATORN ....
6. UMZUGSCHSILCETKE ....

4 **Die neue Wohnung. Wo stehen die Möbel?** Ergänzen Sie die Präpositionen und die Artikel im Dativ.

1. ■ Wo steht der Kühlschrank?
   ◆ Der steht natürlich in der Küche.
2. ■ Und wo ist die Küche?
   ◆ Gleich hier rechts .... Wohnzimmer.
3. ■ Wo steht das Bett?
   ◆ .... Wand .... Tür.
4. ■ Und wo steht der Kleiderschrank?
   ◆ Auch .... Schlafzimmer. Er steht rechts .... Fenster.
5. ■ Wo habt ihr eure Waschmaschine?
   ◆ Die steht .... Badezimmer .... Waschbecken und .... Toilette.
6. ■ Und was hast du mit deinem großen Schreibtisch gemacht?
   ◆ Der steht .... Arbeitszimmer, ... Fenster.
7. ■ Und der Fernsehsessel?
   ◆ Der ist natürlich .... Wohnzimmer, in .... Ecke.

5 Modalverben *können, müssen, wollen* und *dürfen* im Präteritum. Ergänzen Sie die Modalverben und formulieren Sie die Antworten.

> **Lerntipp**
>
> | *Ja* | | *Nein* |
> |---|---|---|
> | *schon* + Verb | → | *noch nicht* + Verb |
> | *noch* + Verb | → | *nicht mehr* + Verb |

1. *müssen:*
   - ■ Ihre Wohnung ist sehr elegant. ......Mussten...... Sie **eine hohe Kaution bezahlen**?
   - ◆ Ja, ...ich musste eine hohe Kaution bezahlen...... .
2. *können:*
   - ■ .... ihr **die teure Wohnung noch bezahlen**, als du arbeitslos warst?
   - ◆ Nein, ... Wir sind schon bald in eine kleinere und billigere Wohnung gezogen.
3. *dürfen:*
   - ■ .... Tina damals **schon alleine leben**? Ich meine, sie war doch erst 16.
   - ◆ Nein, ... Ich glaube, sie hat zuerst bei einer Tante gewohnt, bis sie 18 war.
4. *müssen:*
   - ■ .... du **im Haushalt helfen**, als du noch bei deinen Eltern gewohnt hast?
   - ◆ Ja, ... Ich habe zum Beispiel jeden Samstag die Schuhe geputzt.

5. *wollen:*
   - ■ .... du **in die Stadt ziehen**, als du deine Ausbildung gemacht hast?
   - ◆ Nein, ... , aber ich habe auf dem Land keinen Ausbildungsplatz gefunden.

6 *Haben* oder *sein*? Ergänzen Sie den Dialog mit den Verben *sein* und *haben* im Präteritum.

Marco: Wir ......hatten......[1] früher eine große Altbauwohnung. Die ....[2] mitten in der Stadt und in der Nähe ....[3] ein kleiner Park und ein Fußballplatz. Ich ....[4] fast immer mit meinen Freunden draußen, aber ich ....[5] auch ein eigenes Zimmer. Wenn das Wetter schlecht ....[6], konnten wir bei uns zu Hause spielen.

Oliver: Als ich noch ein Kind ....[7], ...[8] wir nie viel Platz. Wir ....[9] nur drei Zimmer, und wir ....[10] fünf Personen in unserer Familie. Mein Opa ....[11] auch noch da. Er ....[12] ein eigenes Zimmer. Aber mein Bruder und ich ....[13] schon einen eigenen Computer in unserem Zimmer.

Marco: Was? Ihr ....[14] schon einen Computer? Super! Meine Eltern ....[15] immer gegen Computer. Wir ....[16] auch keinen Fernseher.

7 **Nebensätze mit *als*.** Finden Sie eine passende Aussage und beantworten Sie die Fragen.

a) Ich bin gestern im Wald spazieren gegangen.
b) Wir sind in die Stadt gezogen.
c) Ich habe in Berlin studiert.
d) Ich habe ihn einmal nach Hause gebracht.
e) Mein Mann war letztes Jahr arbeitslos.
f) Die Kinder waren noch klein.

1. ■ Wie hast du dich denn so erkältet?

a ◆ Ich glaube, das ist passiert, als ich gestern im Wald spazieren gegangen bin. Es hat plötzlich geregnet, und mir war sehr kalt.

2. ■ Wann seid ihr eigentlich aufs Land gezogen?

◆ ....
....
Wir wollten, dass sie im Garten spielen können.

3. ■ Wann hast du eigentlich in einer Wohngemeinschaft gelebt?

◆ Das war vor zehn Jahren, ...
....

4. ■ Wann habt ihr denn die Wohnung so toll renoviert?

◆ Letztes Jahr, ...
Wir hatten nicht viel Geld, aber er hatte viel Zeit. Wir haben fast alles selbst gemacht. Das war gar nicht so teuer.

5. ■ Wie lange haben deine Eltern auf dem Land gelebt?

◆ Das kann ich dir nicht so genau sagen, aber ich weiß, dass ich schon 13 war, ...
....

6. ■ Wie hast du diese tolle Wohnung denn gefunden?

◆ Ein Kollege von mir wohnt in dieser Straße. ....
...., habe ich gesehen, dass die Wohnung frei war. Da habe ich einfach bei den Nachbarn geklingelt und gefragt, ob sie die Nummer vom Vermieter haben.

8 **Über Vor- und Nachteile einer Wohnung sprechen.** Familie Lohmann hat sich eine Wohnung in einem Altbau angesehen. Sie haben eine Liste gemacht. Jetzt sprechen sie mit einem Freund über die Vor- und Nachteile. Ergänzen Sie die Sätze.

Vorteile

1. Es gibt in der Nähe einen Supermarkt und einen Kindergarten.
2. Wir müssen die Wohnung nicht renovieren.
3. Das Wohnzimmer ist schön hell und groß.
4. Die Wohnung ist schon ab dem 1. 8. frei.

Nachteile

5. Im Sommer kann es unter dem Dach sehr heiß sein.
6. Es gibt im Haus keinen Fahrradkeller.
7. Die Wohnung hat keinen Balkon.
8. Das Kinderzimmer ist sehr klein.

1. Uns gefällt, *dass es in der Nähe einen Supermarkt und einen Kindergarten gibt.*
2. Wir finden es ganz praktisch, ……
3. Die Wohnung hat den Vorteil, ……
4. Für uns ist es auch wichtig, ……
5. Wir finden eine Wohnung im Dachgeschoss nicht so gut, *weil es im Sommer unter dem Dach sehr heiß sein kann.*
6. Leider muss man die Fahrräder draußen abstellen, ……
7. Man kann im Sommer auch nicht draußen sitzen, ……
8. Mir gefällt die Wohnung nicht besonders gut, ……

9 „Was ich Sie noch fragen wollte …“ Schreiben Sie indirekte Fragesätze.

1. Ist die Wohnung renoviert?
   Ich möchte wissen, *ob die Wohnung renoviert ist* .
2. Wie alt ist die Heizung?
   Wissen Sie, ……………………………………………………
   …………………………………………………………………… ?

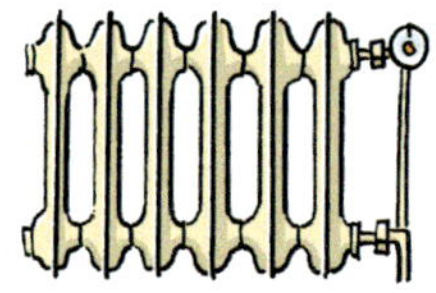

3. Gibt es in der Umgebung einen Park oder Wald?
   Wissen Sie, …………………………………………………………… ?
4. Wir haben eine Katze.
   Haben wir Ihnen gesagt, ………………………………………………… ?
5. Wie hoch sind die Nebenkosten?
   Können Sie mir auch sagen, ………………………………………………… ?
6. Wann können wir die Wohnung besichtigen?
   Wir möchten gerne wissen, ………………………………………………… .
7. Gibt es auch einen Fahrradkeller im Haus?
   Was ich Sie noch fragen wollte: Können Sie mir sagen, ……………………………
   …………………………………………………………………… ?

10 Meckern Sie! Schreiben Sie Relativsätze.

1. Ich ärgere mich immer über die Heizung im Bad. Sie funktioniert nicht gut.
   Ich ärgere mich immer über die Heizung im Bad,
   die nicht gut funktioniert.
2. Ich falle fast jeden Morgen über dein Fahrrad. Es steht immer im Treppenhaus.
   ……………………………………………………………………
3. Wann willst du denn mal den Ofen reparieren? Er ist schon so lange kaputt.
   ……………………………………………………………………
4. Wo sind eigentlich die neuen Fenster? Wir haben sie schon im Juli bestellt.
   ……………………………………………………………………
5. Wann ist die Renovierung fertig? Sie dauert jetzt schon drei Monate.
   ……………………………………………………………………
6. Ich habe dir schon letzten Monat Geld für die Miete geliehen. Du konntest sie nicht bezahlen.
   ……………………………………………………………………
7. Hat eigentlich jemand den Putzplan gelesen? Ich habe ihn gestern geschrieben.
   ……………………………………………………………………

11 Wohnungsbesichtigung

a) Wer sagt was? Markieren Sie zuerst Mieter (M) oder Vermieter (V). Ordnen Sie dann den Dialog.

M	V		
☐	☐	....	Dann müssen Sie sich aber beeilen! Eine Wohnung in dieser Lage kann schnell weg sein!
☐	☒	...1....	Guten Tag. Haben wir für heute einen Termin gemacht?
☐	☐	....	Der Teppich gefällt mir, aber es ist hier sehr laut. Da unten ist eine Bushaltestelle, oder?
☒	☐	....	Ja, wir haben gestern telefoniert. Mein Name ist Schubert.
☐	☐	....	Ja, das ist schon mit Nebenkosten. Was meinen Sie?
☐	☐	....	Wo ist das Schlafzimmer?
☐	☐	....	Das Bad ist gleich neben der Küche. Beide Räume sind schön hell. Interessieren Sie sich für die Wohnung?
☐	☐	....	Ach so, dann kommen Sie bitte herein. Ich zeige Ihnen am besten zuerst die Wohnung. Es gibt drei Zimmer, eine kleine Küche und ein Bad.
☐	☐	....	Ja, aber nachts ist es hier viel ruhiger. Da gibt es nicht so viel Verkehr.
☐	☐	....	Das ist hier neben dem Wohnzimmer. Der Boden ist ganz neu.
☐	☐	....	Ich finde sie etwas teuer. In der Anzeige steht, die Wohnung kostet 770 Euro. Das ist die Warmmiete, oder?
☐	☐	....	Ich weiß nicht, die Wohnung ist für den Mietpreis wirklich nicht besonders groß. Ich rufe Sie vielleicht wieder an.
☐	☐	....	Na ja, die Busse fahren aber bis Mitternacht. Und wo ist das Badezimmer?

b) Welche Anzeige passt zu der Wohnung im Dialog? Kreuzen Sie an.

1. ☐

Marktviertel, zentrale 3-Zi.-AB-Whg., 83 m^2, renoviert, 820 Euro + 1640 Euro Kaution, Tel.: 48 86 77 32

2. ☐

Sehr ruhige, helle Wohnung, Nähe U-Bahnhof Lindenstraße (U2), WM 770, Besichtigung nach Vereinbarung, ✆ 67 54 87 63

3. ☐

3 ZKB, 77 m^2, zentral, hell, Warmmiete 770 Euro. Tel.: 564 73 29

8 Kultur erleben

1 Kultur erleben

a) Lesen Sie den Text.

Was macht das Leben interessant und angenehm? Zum Beispiel Erholung in der Natur, Feste und Feiern, Urlaub, gute Küche und feine Weine, Sport, Design und Mode oder interessante Architektur? Deutschland bietet viel für Freizeit, Erholung und Kultur.

In Deutschland ist Kultur Aufgabe der 16 Bundesländer. Das hat den Vorteil, dass Kultur nicht nur in der Hauptstadt und den Großstädten stattfindet. Ob Musik, Theater oder Kunst, überall im Land gibt es kleinere oder größere Kulturzentren und -festivals mit attraktiven Angeboten für alle Alters- und Interessengruppen. Zum Beispiel hat sich eine sehr kreative Theaterlandschaft mit vielen Staats- und Stadttheatern, aber auch Wandertheatern, die auf verschiedenen Bühnen spielen, und Privattheatern entwickelt. Zwischen Flensburg im Norden und Garmisch im Süden gibt es ungefähr 400 Theater und 140 Berufsorchester. Manche von ihnen sind weltbekannt, wie z. B. das Gewandhausorchester Leipzig.

Deutschland ist auch als Literatur- und Bücherland bekannt. Viele deutsche Autoren wie Hermann Hesse, Thomas Mann oder Günther Grass haben den Nobelpreis für Literatur bekommen. Mit jährlich mehr als 80 000 neuen Büchern liegt das Land im internationalen Vergleich sehr weit vorne. Jedes Jahr trifft sich im Herbst die Verlagswelt zur Internationalen Frankfurter Buchmesse. Daneben gibt es noch die kleinere Leipziger Buchmesse im Frühjahr.

Kunstmessen und Kulturevents

Art Cologne
Die Art Cologne ist die älteste Kunstmesse der Welt und die wichtigste in Deutschland

Art Frankfurt
Die Art Frankfurt gilt als Forum für junge und avantgardistische europäische Kunst

Frankfurter Buchmesse
Die Frankfurter Buchmesse ist international die Nummer eins unter den Buchmessen

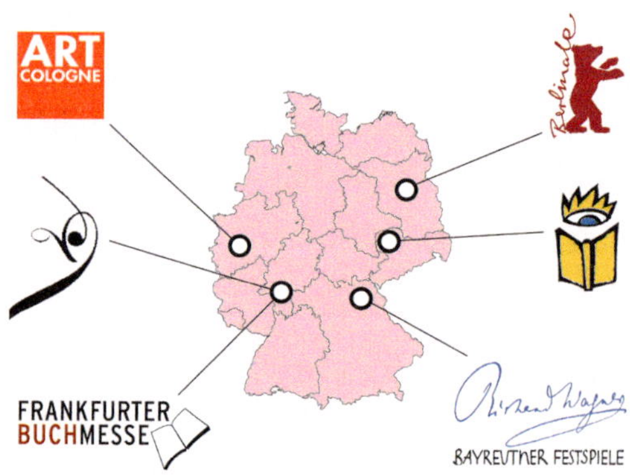

Berlinale
Die Berlinale ist nach dem Festival in Cannes das zweitwichtigste Filmevent weltweit

Leipziger Buchmesse
Die Leipziger Buchmesse hat sich trotz starker Konkurrenz einen guten Namen gemacht

Bayreuther Festspiele
Die Bayreuther Festspiele auf dem „grünen Hügel" sind für „Wagnerianer" das Ereignis

Neue Erfolge feiert seit einigen Jahren der deutsche Film – in den deutschen Kinos, aber auch in vielen anderen Ländern. Für Stars wie Alexandra Maria Lara, Franka Potente, Julia Jentsch, Daniel Brühl, Moritz Bleibtreu und Til Schweiger geht das Publikum gern ins Kino. Seit 2003 gibt es die Deutsche Filmakademie und den deutschen Oscar, die Lola.

b) Ergänzen Sie die Sätze mit Wörtern aus dem Text, und notieren Sie die Nummern der Zeile(n).

		Zeile
1.	In Deutschland gibt es ein großes ....Angebot.... für Freizeit und Erholung.	4, 5
2.	.... gehört in Deutschland zu den Aufgaben der Länder.	....
3.	Nicht nur in Berlin und den Großstädten gibt es	....
4.	.... zeigen ihre Theaterstücke auf verschieden Bühnen.	....
5.	Viele Autoren aus Deutschland haben den Nobelpreis für .... bekommen.	....
6.	Auf der größten internationalen .... in Frankfurt stellen Verlage und Autoren aus aller Welt ihre neusten Bücher vor.	....
7.	Es gibt seit ein paar Jahren immer mehr erfolgreiche deutsche	....
8.	Die Lola ist der jährliche Filmpreis der deutschen	....

2 Über kulturelle Interessen sprechen. Ordnen Sie Fragen und Antworten zu.

1. h Warst du dieses Jahr auf der Frankfurter Buchmesse?
2. ☐ Welcher Film hat 2006 die goldene Lola gewonnen?
3. ☐ Geht ihr gerne ins Theater?
4. ☐ Mögen Sie eigentlich auch Musik von Bach?
5. ☐ Interessieren Sie sich denn auch etwas für klassische Musik?
6. ☐ Hast du schon die neue Ausstellung im Bauhausmuseum gesehen?
7. ☐ Hast du schon einmal etwas von Anne Sophie Mutter gehört?
8. ☐ Geht ihr am 25. Dezember wieder zum Konzert in die Nikolaikirche?
9. ☐ Ich fahre nächstes Jahr für zwei Tage zu *Rock im Park*. Willst du mitkommen?

a) Ja, ich höre am liebsten Mozart.
b) Klar, ich bin ein großer Fan von ihr und habe alle CDs.
c) Nein, Rockfestivals sind mir wirklich zu laut und zu wild.
d) „Das Leben der anderen". Hast du ihn schon im Kino gesehen?
e) Nein, ich interessiere mich nicht besonders für Design.
f) Nein, gar nicht. Ich höre nur moderne Musik, also Rock, Pop oder Jazz.
g) Natürlich! Weihnachtslieder sind am schönsten, wenn sie ein guter Chor singt.
h) Nein, aber ich habe interessante Interviews mit Autoren im Fernsehen gesehen.
i) Ja, wir haben ein Jahresabonnement. Am Freitag zeigen sie „Wilhelm Tell" von Schiller.

3 **Wortfeld Kultur.** Ein Wort passt nicht. Streichen Sie es durch.

1. Eintritt — Theater – ~~Picknick~~ – Fußballstadion – Konzert – Filmfestival
2. Literatur — Autor – Romanheld – Buchladen – Verlag – Roman – Stadion
3. Musik — Rockkonzert – Oper – Radio – Orgel – Chor – Zeit
4. Theater — Abendkasse – Reihe – Unterkunft – Bühne – Ermäßigung
5. Museum — Ausstellung – Kunst – Bilder – Abendvorstellung – Sammlung
6. Kino — Film – Schauspieler – Konzert – Kartenreservierung – Sitzreihe
7. Konzert — Eintritt – Rockmusik – Reisegruppe – Oper – Orgel – Chor
8. Messe — Ausweis – Ausstellung – Stadtführer – Besucher – Produkt

4 **Beziehungen.**

Ergänzen Sie ***befreundet mit, verlobt mit, verheiratet mit, verliebt in.***

1. Dorothea hat sich am Wochenende .... Lars .... Nächsten Mai wollen sie heiraten.
2. Meine Mitbewohnerin trifft sich oft mit meinem Bruder, aber sie ist nicht .... ihn .... Sie ist nur ....nur.... ihm ....befreundet.... .
3. Ich war nur drei Jahre .... meinem ersten Mann .... Dann haben wir uns getrennt.
4. Verliebt? Ich? Nein, nein, ich bin .... Barbara nur .... Manchmal gehen wir zusammen zu Partys, ins Kino oder Theater.
5. Ich glaube, Michael ist .... Ulla .... Er findet, dass sie die tollste Frau der Welt ist und hat sich schon wieder mit ihr für das Wochenende verabredet.
6. Meine Mutter war zuerst zwei Jahre .... meinem Vater .... Dann haben sie 1966 geheiratet, und jetzt ist sie schon über 40 Jahre glücklich .... ihm .... !

Minimemo

mit + Dativ!

5 Lyonel Feininger: Eine Biografie.

Ergänzen Sie passende Verben im Präteritum.

a) machen – sein – reisen – ~~leben~~ – besuchen

Der Maler und Grafiker Lyonel Feininger ......lebte...... [1] von 1871 bis 1956. Seine Eltern .... [2] erfolgreiche Musiker. Mit 16 Jahren .... [3] er zum ersten Mal von seiner Geburtsstadt New York nach Deutschland. Er .... [4] seine Eltern, die gerade eine Konzertreise .... [5].

b) haben – heiraten (2x) – trennen – studieren – arbeiten – kennen lernen

Von 1890 bis 1891 .... [6] er in Belgien am Collège Saint Servais in Liège und später noch in Berlin und Paris. In Berlin .... [7] er auch ein paar Jahre als Zeichner für verschiedene Zeitungen. 1901 .... [8] er zum ersten Mal. Als er dann 1903 die Künstlerin Julia Berg .... [9], ... [10] er sich von seiner Frau Clara und seinen beiden Töchtern. 1908 .... [11] er Julia. Sie .... [12] zusammen drei Söhne.

c) bekommen – ausstellen – haben – lehren – gründen – holen – gehen

1919 .... [13] Walter Gropius Feininger zur Gründung des Staatlichen Bauhauses nach Weimar. Dort .... [14] er bis 1926 als „Meister der Formlehre". Feininger .... [15] viele Kontakte zu wichtigen Künstlern. 1924 .... [16] er zusammen mit Wassily Kandinsky, Paul Klee und Alexej von Jawlensky die Gruppe „Die blaue Vier", die schon ein Jahr später ihre Bilder in New York .... [17].

Nach 1933 .... [18] er in Deutschland als Künstler Probleme. 1937 .... [19] er mit seiner Familie nach New York zurück. Seine Werke sind bis heute weltbekannt.

6 Die Leiden des jungen Werther. **Schreiben Sie die Sätze im Präteritum.**

1. Der Roman hat Goethe über Nacht berühmt gemacht.
   Der Roman machte Goethe über Nacht berühmt.
2. Werther hat Lotte auf einem Ball kennen gelernt und sich sofort in sie verliebt.
   ....
   ....
3. Aber Lotte ist mit Werthers Freund Albert verlobt, der oft auf Reisen ist.
   ....
4. Werther besucht Lotte gern.
   ....
5. Sie ist schön und alle bewundern sie, weil sie sich liebevoll um ihre acht jüngeren Geschwister kümmert.
   ....
   ....
6. Lotte hat Sympathien für Werther, aber sie liebt ihren Verlobten.
   ....
7. Weil Lotte Albert heiratet, endet Werthers Liebe tragisch.
   ....

7 Wann war das? **Ergänzen Sie die passenden Verben im Präteritum.**

heiraten – geben – wählen – kennen lernen – arbeiten – sein (2x) – sollen – ~~leben~~ – studieren

1. Ab 1723 ....lebte.... Bach in Leipzig und .... dort an der Thomaskirche.
2. Am 2.9.2004 .... es in der Weimarer Anna-Amalia-Bibliothek ein großes Feuer. Im Februar 2005 .... die Bücher in ein neues Haus umziehen. Leider .... das Feuer schneller.
3. 1788 .... Goethe seine Frau Christiane Vulpius im Weimarer Park ....
4. 1915 .... Walter Gropius Alma Mahler.
5. Von 1903 bis 1907 .... Gropius in München und Berlin Architektur.
6. 1999 .... Weimar zu Goethes 250. Geburtstag die Kulturhauptstadt Europas.
7. Man .... Graz für das Jahr 2003.

8 **Einen Kinobesuch organisieren.** Ergänzen Sie die beiden Dialoge.

a) ~~Eigentlich nichts Besonderes. Ich mache mir gerade Abendbrot. Und du?~~
b) Halb zehn finde ich zu spät, aber sieben passt mir gut. Soll ich die Karten reservieren?
c) Ich weiß nicht. Ich rufe Sie später wieder an. Vielen Dank!
d) Guten Abend. Ich möchte eine Reservierung für morgen machen.
e) Soll ich mal schnell im Internet nachsehen?
f) Weißt du auch, zu welchen Zeiten der läuft?
g) Zwei. Einmal mit Studentenermäßigung, bitte.
h) Meinst du vielleicht „Ein Freund von mir“?
i) „Ein Freund von mir“ um 19 Uhr.
j) Heute Abend kann ich leider nicht, aber morgen habe ich Zeit.
k) Auf Wiederhören!
l) Okay, dann bis gleich!

Dialog 1: Jana telefoniert mit Ulli.

■ Hallo Ulli, hier ist Jana. Ich wollte mal hören, wie es dir geht. Was machst du so?

◆ a Eigentlich nichts Besonderes. Ich mache mir gerade Abendbrot. Und du?

■ Ich bin gerade erst nach Hause gekommen. Hast du Lust, gleich ins Kino zu gehen?

◆ ....

■ Morgen ist auch in Ordnung. Hast du den neuen Film mit Daniel Brühl und Jürgen Vogel schon gesehen?

◆ ....

■ Ja, der läuft gerade im „Schlosspalast“ bei mir um die Ecke.

◆ ....

■ Moment, ich habe hier irgendwo das Kinoprogramm für diese Woche.

◆ ....

■ Nein, nein, ich habe es schon gefunden. Der Film läuft morgen Abend um 19 Uhr und um 21.30 Uhr.

◆ ....

■ Nein, das mache ich schon. Ich rufe dich gleich wieder an.

◆ ....

Dialog 2: Jana ruft im Kino „Schlosspalast“ an.

■ Schlosspalast, guten Abend!

◆ ....

■ Moment ... Welchen Film möchten Sie denn sehen?

◆ ....

■ Und wie viele Karten brauchen Sie?

◆ ....

■ Mal sehen. Das tut mir leid. Ich habe leider nur noch Karten für die Spätvorstellung. Geht das auch?

◆ ....

■ Kein Problem. Auf Wiederhören!

◆ ....

9 Arbeitswelten

1 Die duale Berufsausbildung: Arbeiten und Lernen

a) Lesen Sie den Text und kreuzen Sie die richtigen Erklärungen an.

In Deutschland nehmen heute circa 60 % der Jugendlichen an einer *dualen Berufsausbildung* teil. ‚Dual' bedeutet, dass sie an zwei Orten lernen: im Betrieb und in der Berufsschule. Die *Ausbildungsdauer* liegt zwischen zwei und dreieinhalb Jahren.

Zum Beispiel Zahnmedizinische/r Fachangestellte/r oder Zahnarzthelfer/in

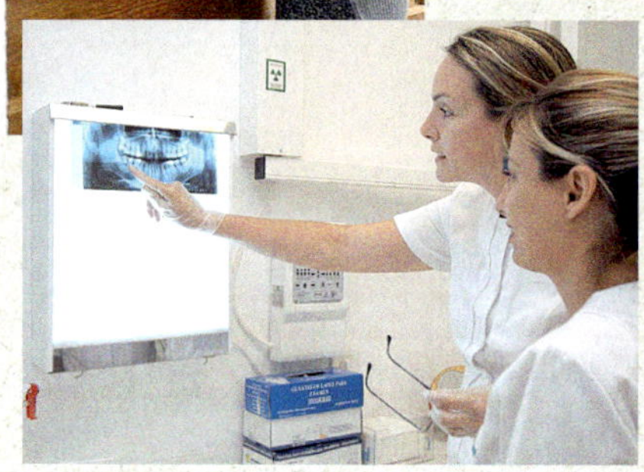

Die Kommunikation mit den Patienten und die Assistenz am Zahnarztstuhl, also dem Zahnarzt bei der Arbeit helfen, sind die wichtigsten *Arbeitsgebiete* der zahnmedizinischen Fachangestellten, die in der Bremer Zahnarztpraxis Dr. Hagen eine Ausbildung machen.

„Zu einem typischen Arbeitstag gehören die Kommunikation mit Patienten am Telefon und in der Praxis und natürlich auch das Vereinbaren von Terminen", beschreibt Dr. Hagen. „Wir bilden unsere Zahnarzthelferinnen auch in der Buchhaltung aus. Das Versicherungssystem und das Schreiben von Rechnungen sind nicht ganz einfach und ein wichtiger Teil der Ausbildung an der Berufsschule. Bei uns in der Praxis machen wir diese Bereiche erst im dritten *Lehrjahr*."

Zahnmedizinische Fachangestellte arbeiten eng mit den Zahnärzten zusammen: „Wir arbeiten immer mit vier Händen am Mund – das sind die zwei Hände der Zahnärztin und die zwei der Assistenz. Die Fachangestellte hilft der Zahnärztin bei der Arbeit. Sie gibt ihr die richtigen Instrumente und bereitet Materialien oder Medikamente vor."

Was lernt man an der Berufsschule?

Wer einen Ausbildungsplatz gefunden hat, muss sich mit dem Ausbildungsvertrag bei einer Berufsschule anmelden. Der Unterricht findet an zwei Tagen in der Woche statt, drei Tage arbeiten die Auszubildenden in der Zahnarztpraxis.

An der Berufsschule stehen zahnmedizinische Assistenz, *kaufmännische Kenntnisse,* Marketing und Management in der Zahnarztpraxis, Patientenbetreuung und eine Fremdsprache im Zentrum der Ausbildung zur/zum Zahnmedizinischen Fachangestellten. Aber auch Deutsch/Kommunikation, Politik oder Sozialwissenschaften, Religion und Sport stehen auf dem Stundenplan. Am Ende der Ausbildung muss man eine theoretische und eine praktische Prüfung machen.

Was sollten Bewerber mitbringen?

Dr. Hagen wünscht sich Bewerber mit gutem Schulabschluss. Besonders wichtig findet sie die Noten in Chemie und Mathematik, aber auch in Deutsch, weil der Kontakt zu den Patienten wichtig ist.

1. *Duale Berufsausbildung*

a) ▢ Diese Ausbildung dauert zwei Jahre.
b) ▢ Man muss am Ende dieser Ausbildung zwei Prüfungen machen.
c) ▢ Die Ausbildung findet im Betrieb und an der Berufsschule statt.

2. *Ausbildungsdauer*

a) ▢ So lange dauert ein Ausbildungstag an der Berufsschule.
b) ▢ So lange dauert die gesamte Berufsausbildung.
c) ▢ In dieser Zeit finden die Abschlussprüfungen statt.

3. *Arbeitsgebiete*

a) ▢ Das sind der Ausbildungsbetrieb und die Berufsschule.
b) ▢ Das sind die Bereiche, die typisch für einen Beruf sind.
c) ▢ Das sind zum Beispiel eine Arztpraxis oder ein Labor.

4. *Lehrjahr*

a) ▢ So nennt man ein Jahr in der Ausbildung.
b) ▢ Das ist ein Jahr an der Berufsschule ohne Arbeit im Ausbildungsbetrieb.
c) ▢ Das ist das erste Jahr der Ausbildung.

5. *Kaufmännische Kenntnisse*

a) ▢ Diese Kenntnisse sind für Männer, die bei Versicherungen arbeiten.
b) ▢ Das sind Kenntnisse bei der Betreuung von Patienten.
c) ▢ Das sind Kenntnisse in den Bereichen Buchhaltung und Rechnungen schreiben.

b) Was ist richtig? Vergleichen Sie die Aussagen mit dem Text und kreuzen Sie an.

1. ▢ Über die Hälfte der deutschen Jugendlichen macht eine Ausbildung im Betrieb und an der Berufsschule.
2. ▢ Die Berufsausbildung dauert mindestens drei Jahre.
3. ▢ Zahnarzthelfer/innen machen Termine mit Patienten und Patientinnen, schreiben Rechnungen, helfen Zahnärzten und Zahnärztinnen bei der Arbeit und bereiten Materialien und Medikamente vor.
4. ▢ Zahnmedizinische Fachangestellte brauchen zwei Fremdsprachen.
5. ▢ In der Praxis von Dr. Hagen beginnen die zahnmedizinischen Fachangestellten erst nach zwei Ausbildungsjahren mit der Buchhaltung.
6. ▢ Wenn man einen Platz an der Berufsschule hat, kann man sich um einen Ausbildungsplatz bewerben.
7. ▢ Der Unterricht an der Berufsschule findet an einem Tag statt.
8. ▢ Im Zentrum der Ausbildung an der Berufsschule stehen wichtige Arbeitsgebiete des Ausbildungsberufs.
9. ▢ Die Berufsschule bildet in berufstypischen und allgemeinen Gebieten aus.
10. ▢ Dr. Hagen findet gute Deutschkenntnisse nicht so wichtig wie Kenntnisse in Chemie oder Mathematik.

2 Ein tabellarischer Lebenslauf. Ergänzen Sie die Informationen.

~~Praktika~~ – Grundschule Hasbergen – Fremdsprachen – Anschrift – Berufserfahrung – 07/2003–07/2006 – Abschluss – Mediengestaltung GmbH & Co. KG – Reisen – Kauffrau für audiovisuelle Medien

Lebenslauf

Persönliche Daten

Name	Anna Maria Burbach
...[1]	Lotter Straße 22 49078 Osnabrück Tel.: (05 41) 867 45 32 Annamaria@Burbach.de
geboren am	23.04.1982 in Lingen/Ems
Schulausbildung	
1988–1992	...[2]
1992–1998	Geschwister-Scholl-Schule in Osnabrück ...[3]: Realschulabschluss / Mittlere Reife
...[4]	
06/1998–07/1998	Betriebspraktikum bei Mediadesign GmbH in Osnabrück
Berufsausbildung	
09/1998–07/2001	Ausbildung zur ...[5] bei ProSiebenSat.1 Media AG in München
...[6]	
09/2001–05/2003	...[7] in Offenbach
...[8]	Zweites Deutsches Fernsehen (ZDF) in Mainz, Marketing
...[9]	Englisch (C1), Französisch (B1), Spanisch (A2)
Hobbys	...[10], Film, Lesen, Fotografieren

1. ....
2. ....
3. ....
4. Praktika
5. ....
6. ....
7. ....
8. ....
9. ....
10. ....

3 Eine Berufsbiografie. Ergänzen Sie passende Verben.

Nach der Schule habe ich eine Ausbildung zum Mechaniker ....[1] und danach noch an der Universität Hamburg Schiffsbau s t u d i e r t[2]. In den Semesterferien habe ich Praktika ....[3] oder als Kellner in einem italienischen Restaurant ....[4]. Nach dem Studium habe ich zum Glück nicht lange eine Stelle ....[5]. Ich habe mich nur bei drei Firmen ....[6] und gleich einen Job ....[7]. Ich bin ganz zufrieden mit meiner Arbeit als Schiffsbauingenieur in Korea.

arbeiten – machen (2 x) – finden – studieren – suchen – bewerben

4 Wortfeld Ausbildung und Beruf. Ergänzen Sie.

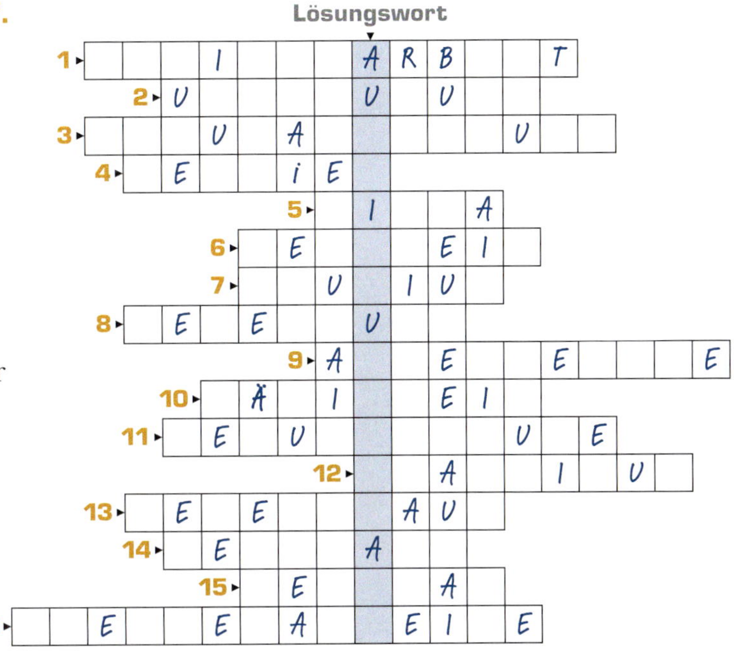

1. Man muss z. B. in einer Woche tagsüber und in der nächsten Woche nachts arbeiten.
2. Nach der ersten Ausbildung einen zweiten Beruf lernen.
3. Den macht man am Ende der Schulzeit, z. B. Abitur.
4. + 5. Hier kann man eine Berufsausbildung machen.
6. Nicht Vollzeit.
7. Das macht man an der Universität.
8. Ein Brief oder Gespräch, wenn man Arbeit sucht.
9. Menschen, die in einer Firma oder einem Amt arbeiten.
10. Anderes Wort für Arbeit.
11. In dieser Schule lernt man die Theorie zum Beruf.
12. Das macht man, wenn man einen Beruf für ein paar Wochen kennen lernen möchte.
13. Den muss man bei einer Bewerbung in tabellarischer Form abgeben.
14. So nennt man ein Ausbildungsjahr im Betrieb auch.
15. Den macht man mit dem Arbeitgeber, wenn man eine Stelle annimmt.
16. Wichtige Information bei der Suche nach Arbeit. Man findet sie in der Zeitung oder im Internet.

5 Nomen mit *-ung*. Ergänzen Sie.

1. rechnen: Haben wir die ....Rechnung.... für die neuen Computer schon bezahlt?
2. einladen: Haben Sie die .... *(Pl.)* für unser 25-jähriges Firmenjubiläum schon an alle Kunden geschickt?
3. beraten: Unsere .... hilft Ihnen bei der Entscheidung für das richtige Auto.
4. buchen: Ich habe die .... für Ihren Flug nach Athen gestern schon gemacht.
5. bestellen: Haben Sie unsere .... vergessen? Wir warten schon seit drei Wochen auf die neuen Bürostühle.
6. bewerben: Hast du deine .... schon an die Praxis von Dr. Müller geschickt?
7. ausbilden: Ich habe meine .... zum Koch in einem sehr guten Restaurant gemacht.

6 **Berufsbeschreibungen.** Ordnen Sie die passenden Berufe zu. Ein Beruf passt nicht. Ergänzen Sie dann die nominalisierten Verben wie im Beispiel.

Kulturmanager/in – Fremdsprachensekretär/in – Zahntechniker/in

a) ....: In diesem Beruf muss man Briefe schreiben, mit Kunden telefonieren, Termine verabreden, am Computer arbeiten und Vertragstexte übersetzen.

Das ....Schreiben........ [1] von Briefen, das .... [2] mit Kunden, das .... [3] von Terminen, das .... [4] am Computer und das .... [5] von Vertragstexten sind in diesem Beruf wichtige Aufgaben.

b) ....: In diesem Beruf muss man attraktive Veranstaltungsprogramme entwickeln, Aufführungen und kulturelle Veranstaltungen planen und organisieren, oft mit Künstlern zusammenarbeiten und Räume für Veranstaltungen mieten.

Das .... [1] von attraktiven Veranstaltungsprogrammen, das .... [2] und .... [3] von Veranstaltungen, das enge .... [4] mit den Künstlern sowie das .... [5] von Räumen gehören zu Ihren wichtigsten Aufgabengebieten in diesem Beruf.

7 **Gründe nennen.** Ergänzen Sie *denn* oder *weil.*

1. Jürgen möchte lieber Vollzeit arbeiten, ...weil........ er dann mehr verdient.
2. Frau Nguyen macht eine Umschulung, ... sie hat in ihrem alten Beruf lange keine Arbeit gefunden.
3. Meine Freundin Marlene möchte Kulturmanagerin werden, ... sie interessiert sich sehr für Kultur und kann gut organisieren.
4. Frau Stein hat zwei Jahre nicht gearbeitet, ... sie eine Babypause gemacht hat.
5. Susanne sucht im Moment einen Ausbildungsplatz, ... sie im Juni ihren Schulabschluss macht.
6. Herr Álvarez sucht eine neue Stelle, ... er seinen Chef nicht mag.
7. Martin arbeitet an drei Tagen im Betrieb und geht an zwei Tagen in der Woche zur Berufsschule, ... er nimmt an einer dualen Berufsausbildung teil.
8. Klaus macht nicht gerne Schichtarbeit, ... er nicht gerne nachts arbeitet.

8 Sagen Sie es höflich! *Hätte* oder *könnte*?

1. Es tut mir leid, aber Herr Dupont ist im Moment in einer Besprechung. Könnten .... Sie in einer halben Stunde wieder anrufen?
2. .... du jetzt einen Moment Zeit? Ich brauche deine Hilfe.
3. .... Sie auch am Montag um 10 Uhr kommen?
4. .... ihr morgen den Monitor zur Reparatur bringen?
5. Es wäre nett, wenn Sie mir einen Kaffee mitbringen ....
6. .... Sie vielleicht etwas Kleingeld? Ich kann leider nicht wechseln.
7. Wir .... gern die Rechnung.
8. .... Sie vielleicht die Telefonnummer von Frau Müller?

9 Telefonieren im Beruf. Ordnen Sie die Dialoge.

a) Eine Nachricht hinterlassen

1 ◆ Medienlabor Meininger, guten Tag. Was kann ich für Sie tun?
☐ ◆ Tut mir leid, Herr Meininger ist heute nicht im Haus.
☐ ◆ Natürlich. Was soll ich ihm denn sagen?
☐ ◆ Kein Problem. Wie war noch Ihr Name?
☐ ◆ Vielen Dank, Herr Stein. Auf Wiederhören!
☐ ■ Oh, könnte ich eine Nachricht für ihn hinterlassen?
☐ ■ Auf Wiederhören!
☐ ■ Stein. Und meine Telefonnummer ist 765 54 32 hier in Freiburg.
2 ■ Guten Tag, mein Name ist Stein. Ich möchte bitte mit Herrn Meininger sprechen.
☐ ■ Könnte er mich bitte so bald wie möglich zurückrufen? Es ist sehr wichtig.

b) Einen Termin absagen

☐ ■ Guten Morgen, Frau Uhland. Mein Name ist Glas. Ich bin von der Firma Intro aus Köln und habe heute Nachmittag einen Termin mit Herrn Meininger.
☐ ◆ Auf Wiederhören!
☐ ■ Leider muss ich absagen, weil ich geschäftlich dringend nach London muss.
☐ ◆ Kein Problem, Frau Glas. Ich sage Herrn Meininger, dass Sie heute nicht kommen können. Möchten Sie einen neuen Termin machen?
☐ ◆ Ja, Ihr Termin ist um 15 Uhr. Das ist richtig.
☐ ■ Das geht im Moment nicht gut. Ich weiß noch nicht, wann ich zurückkomme. Ich schlage vor, dass ich Sie wieder anrufe.
☐ ■ Gut. Vielen Dank! Auf Wiederhören!
1 ◆ Medienlabor Meininger, Uhland am Apparat, guten Morgen.

Leben in Deutschland 3

1 **Papiere, Papiere ...**

Lesen Sie die Sätze und ordnen Sie die Fotos zu.

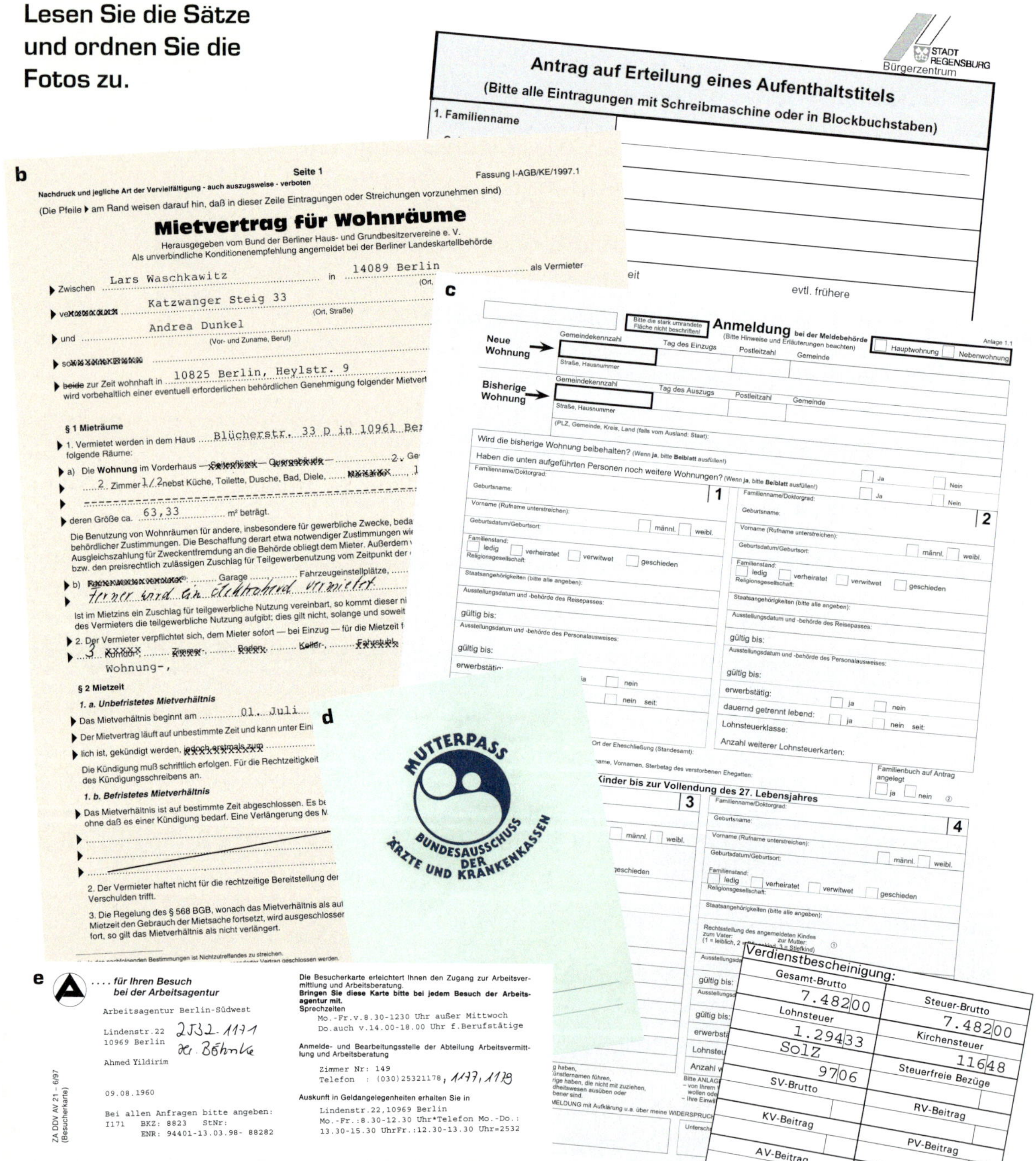

1. Sie wollen in Deutschland leben und müssen diesen Antrag ausfüllen.
2. Dieses Papier bekommen Sie von Ihrem Arbeitgeber.
3. Für den Besuch bei der Arbeitsagentur brauchen Sie diese Karte.
4. Sie erwarten ein Kind? Dann trägt der Arzt oder die Ärztin hier alle Untersuchungen ein.
5. Sie haben eine neue Wohnung gefunden und unterschreiben dieses Papier.
6. Sie sind umgezogen, haben eine neue Adresse und müssen sich anmelden. Meistens geschieht das beim Bürgeramt oder beim Einwohnermeldeamt.

2 **Arbeit in Deutschland.** **Lesen Sie den Text und kreuzen Sie an. Welche Aussagen sind richtig? Korrigieren Sie die falschen Aussagen.**

Jeder Arbeitnehmer braucht eine Lohnsteuerkarte. Die Karte müssen Sie Ihrem Arbeitgeber geben. Die Lohnsteuerkarte bekommen Sie von der Stadt oder Gemeinde (z. B. im Bürgeramt). Dort stehen Ihre persönlichen Daten und das Finanzamt, an das Sie Steuern zahlen müssen. Mitglieder der evangelischen oder katholischen Kirche bezahlen auch Kirchensteuer. Der Arbeitgeber zahlt automatisch jeden Monat Ihre Steuern an das Finanzamt.

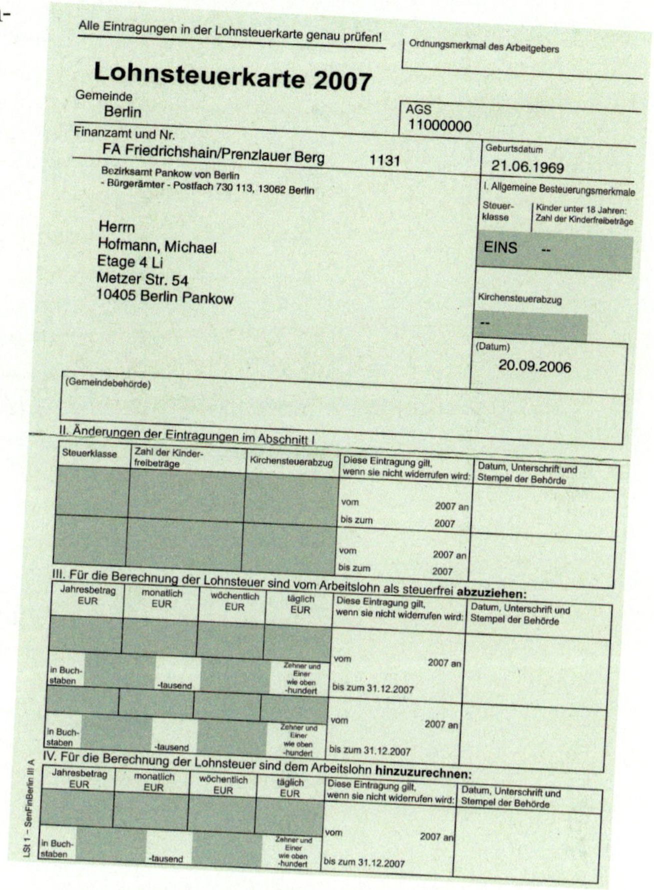

Alle Eintragungen in der Lohnsteuerkarte genau prüfen! | Ordnungsmerkmal des Arbeitgebers

Lohnsteuerkarte 2007

Gemeinde: Berlin | AGS: 11000000

Finanzamt und Nr.: FA Friedrichshain/Prenzlauer Berg 1131 | Geburtsdatum: 21.06.1969

Bezirksamt Pankow von Berlin
- Bürgerämter - Postfach 730 113, 13062 Berlin

I. Allgemeine Besteuerungsmerkmale

Steuerklasse	Kinder unter 18 Jahren: Zahl der Kinderfreibeträge
EINS	--

Herrn
Hofmann, Michael
Etage 4 Li
Metzer Str. 54
10405 Berlin Pankow

Kirchensteuerabzug: --

(Datum) 20.09.2006

(Gemeindebehörde)

II. Änderungen der Eintragungen im Abschnitt I

Steuerklasse	Zahl der Kinderfreibeträge	Kirchensteuerabzug	Diese Eintragung gilt, wenn sie nicht widerrufen wird:	Datum, Unterschrift und Stempel der Behörde
			vom 2007 an bis zum 2007	
			vom 2007 an bis zum 2007	

III. Für die Berechnung der Lohnsteuer sind vom Arbeitslohn als steuerfrei **abzuziehen:**

Jahresbetrag EUR	monatlich EUR	wöchentlich EUR	täglich EUR	Diese Eintragung gilt, wenn sie nicht widerrufen wird:	Datum, Unterschrift und Stempel der Behörde
in Buchstaben	-tausend		Zehner und Einer wie oben -hundert	vom 2007 an bis zum 31.12.2007	
in Buchstaben	-tausend		Zehner und Einer wie oben -hundert	vom 2007 an bis zum 31.12.2007	

IV. Für die Berechnung der Lohnsteuer sind dem Arbeitslohn **hinzuzurechnen:**

Jahresbetrag EUR	monatlich EUR	wöchentlich EUR	täglich EUR	Diese Eintragung gilt, wenn sie nicht widerrufen wird:	Datum, Unterschrift und Stempel der Behörde
in Buchstaben	-tausend		Zehner und Einer wie oben -hundert	vom 2007 an bis zum 31.12.2007	

LSt 1 - SenFinBerlin III A

Jeder Arbeitnehmer braucht auch einen Sozialversicherungsausweis. Zur Sozialversicherung gehören die Krankenversicherung, die Pflegeversicherung, die Rentenversicherung und die Arbeitslosenversicherung. Die Anmeldung zur Sozialversicherung macht meistens Ihr Arbeitgeber, danach bekommen Sie Ihre Sozialversicherungsnummer und den Sozialversicherungsausweis.

Es gibt einen Unterschied zwischen dem Bruttogehalt und dem Nettogehalt. Das Bruttogehalt minus Steuern und Beiträge zur Sozialversicherung ist das Nettogehalt. Das ist das Geld, das Sie wirklich bekommen.

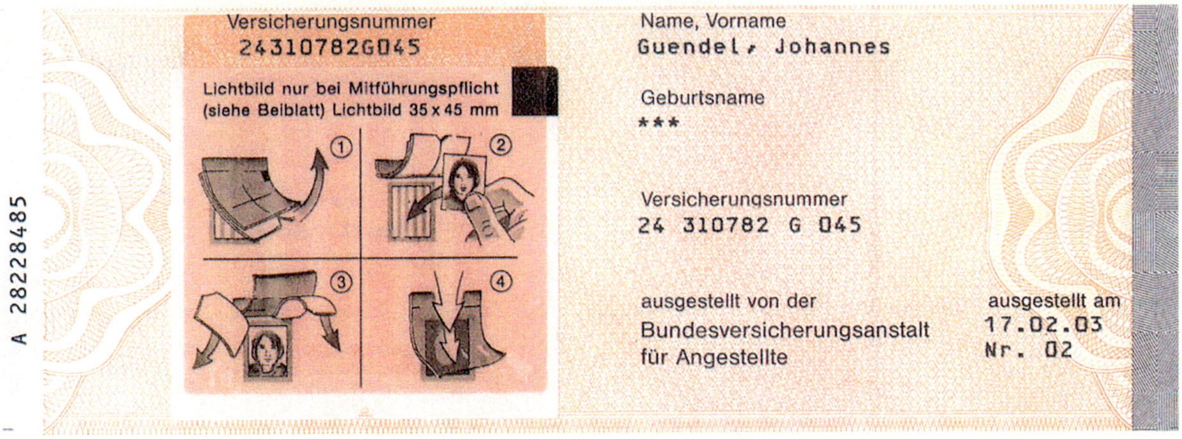

A 28228485

Versicherungsnummer
24310782G045

Lichtbild nur bei Mitführungspflicht (siehe Beiblatt) Lichtbild 35 x 45 mm

① ② ③ ④

Name, Vorname
Guendel, Johannes

Geburtsname
***

Versicherungsnummer
24 310782 G 045

ausgestellt von der
Bundesversicherungsanstalt
für Angestellte

ausgestellt am
17.02.03
Nr. 02

1. Der Arbeitgeber kümmert sich um die Lohnsteuerkarte.
2. Die Steuern werden an das Finanzamt gezahlt.
3. In Deutschland zahlen alle Kirchensteuer.
4. Das Bruttogehalt ist höher als das Nettogehalt.

3 Eine Gehaltsabrechnung.

Lesen Sie die Gehaltsabrechnung von Irina Bulgakova, Zahnarzthelferin und beantworten Sie die Fragen.

1. Wie viel verdient Irina Bulgakova brutto?

 ....

 ....

2. Wie viel verdient sie netto?

 ....

 ....

3. Wie viel Steuern bezahlt sie?

 ....

 ....

Monatsabrechnung
April 2007

Steuerklasse	Familienstand	Zuständige Krankenkasse
V	verheiratet	EK BEK Nürnberg

Zahnarzt Dr. Müller
Ludwigstraße 65
90402 Nürnberg

Irina Bulgakova
Corneliusstraße 11
90459 Nürnberg

Gehalt	1600,00
Arbeitgeberanteil vermögenswirksame Leistungen	20,00
Lohnsteuer	418,50
Solidarzuschlag	23,01
Kirchensteuer evangelisch	33,48
Krankenversicherung	119,07
Rentenversicherung	157,95
Arbeitslosenversicherung	52,65
Pflegeversicherung	13,77
Summe Abzüge laufender Monat	818,43
Netto-Verdienst	801,57
Abzug vermögenswirksame Leistungen	40,00
Auszahlungsbetrag	761,57

Bank:
Stadtsparkasse Nürnberg BLZ 760 501 01
Kto.-Nr.: 34 56 78 001

4 Telefongespräche. **Schreiben Sie Dialoge zu den folgenden Situationen.**

1. Sie haben morgen früh einen Termin bei der Arbeitsagentur und können nicht kommen, weil Sie krank sind. Sie rufen an und der Arbeitsberater schlägt Ihnen einen neuen Termin nächsten Montag, 10 Uhr vor. Der Termin passt Ihnen gut. Sie beenden das Gespräch und bedanken sich.
2. Sie haben endlich eine neue Wohnung gefunden. Der Vermieter ruft Sie an und nennt Ihnen einen Termin, um den Mietvertrag zu unterschreiben. Sie bedanken sich und fragen noch, ob Sie den Betrag für die Kaution bar mitbringen sollen.
3. Sie rufen beim Bürgeramt in Ihrer Stadt an und fragen, wie Sie eine Lohnsteuerkarte bekommen können. Die Mitarbeiterin beim Bürgeramt sagt Ihnen, dass Sie die Karte sofort bekommen können. Sie müssen nur vorbeikommen und Ihren Personalausweis oder Reisepass mitbringen. Sie bedanken sich und beenden das Gespräch.
4. Sie rufen beim Einwohnermeldeamt an und fragen nach den Öffnungszeiten. Sie können nur spät nachmittags kommen, weil Sie tagsüber einen Deutschkurs haben. Die Mitarbeiterin sagt Ihnen, dass am Donnerstag bis 18 Uhr geöffnet ist. Sie bedanken sich für die Information.

5 **Auf Wohnungssuche.** Lesen Sie den Text und ergänzen Sie die Sätze.

In vielen Tageszeitungen finden Sie am Wochenende Wohnungsangebote. Oft steht in den Anzeigen eine Telefonnummer des Vermieters oder eine „Chiffre".

Frankfurt/Bornheim, 2 ZKB
Wfl. 50 m², 500 Euro + NK,
unter Chiffre AX5470

Dann schreibt man an die Zeitung mit Angabe der Chiffre und die Zeitung gibt den Brief dem Vermieter weiter. Viele Zeitungen haben auch eine Seite im Internet.

Oft zahlt man dem Vermieter eine Kaution in Höhe von ein bis zwei (maximal drei) Monatsmieten als Sicherheit. Der Mieter bekommt dieses Geld beim Auszug zurück.

Makler sind private Firmen, die Wohnungen vermitteln. Sie verlangen für ihre Tätigkeit oft eine Provision.

Auch das Wohnungsamt der Stadt kann bei der Wohnungssuche helfen. Zum Beispiel gibt es Sozialwohnungen für Menschen mit wenig Geld. Für eine Sozialwohnung braucht man einen Wohnberechtigungsschein. Den bekommt man vom Wohnungsamt. Dafür muss man eine Verdienstbescheinigung vorlegen.

Mitwohnzentralen vermieten Zimmer und manchmal auch ganze Wohnungen auf Zeit. Es gibt sie in allen größeren Städten, auch im Internet. Manche Leute, die in ihrer Wohnung einige Wochen oder Monate ein Zimmer frei haben, vermieten es. Die Zimmer sind oft möbliert und viel billiger als ein Hotel.

1. Am Wochenende findet man in den Tageszeitungen ....
2. Sie antworten auf eine Anzeige mit Chiffre und müssen ....
3. Die Kaution bekommt der .... und die Provision der ....
4. Beim Auszug bekommt der Mieter ....
5. Für eine Sozialwohnung braucht man ....
6. Mitwohnzentralen sind interessant: Sie ....

6 **Praktische Wörter für Ihren Alltag.** Markieren Sie auf den Seiten 24 bis 27 wichtige Wörter und ordnen Sie sie in die Tabelle.

Formulare/Pässe	Behörden/Ämter	Geld und Versicherung
Antrag Mietvertrag	Arbeitsagentur	Steuer

10 Feste und Geschenke

1 Weihnachtsgeschenke

a) Was meinen Sie? Was ist richtig? Kreuzen Sie an.

1. ▢ Das Weihnachtsgeschäft beginnt traditionell am 1. Dezember.
2. ▢ In Deutschland schenkt man nicht nur den Kindern etwas zu Weihnachten.
3. ▢ Die meisten Menschen freuen sich auch über Geschenke, die nicht teuer waren.
4. ▢ Früher haben sich die Kinder noch über Süßigkeiten zu Weihnachten gefreut.
5. ▢ Männer freuen sich nicht besonders über Krawatten und Socken.
6. ▢ Frauen kaufen sich ihre Weihnachtsgeschenke am liebsten selbst.
7. ▢ Manche Menschen verkaufen die Weihnachtsgeschenke, die ihnen nicht gefallen.

b) Lesen Sie den Text und vergleichen Sie Ihre Antworten mit dem Text.

Weihnachten ist das Fest der Liebe und Freude – und auch ein Fest der Geschenke. Schon Wochen vor dem 24. Dezember beginnt das große Einkaufen. Ab Ende November sind Straßen und Geschäfte in deutschen Städten für das Fest geschmückt, von überall grüßen fröhliche Weihnachtsmänner, und man hört im Radio und Supermarkt alte Weihnachtslieder. In dieser Zeit fragen sich viele, was sie ihren Lieben, die schon alles haben und sich auch nichts wünschen, zu Weihnachten schenken sollen.
Kinder machen es den Erwachsenen oft einfach. Sie bereiten gerne lange Wunschlisten vor. Die Weihnachtswünsche der Kleinsten können für die Eltern aber auch ein großes Problem sein. Wenn sie sich früher noch über ein paar Süßigkeiten und neue Socken gefreut haben, müssen heute oft Handys, Computer und elektronisches Spielzeug am Heiligabend unter dem Weihnachtsbaum liegen. Viele Haushalte haben aber nicht genug Geld für so teure Wünsche.
Natürlich sollen sich Weihnachten nicht nur die Kinder freuen. Auch für Partner, Eltern, Geschwister, Verwandte und gute Freunde legt man gerne etwas unter den Weihnachtsbaum. Eine Umfrage untersuchte im Jahr 2006 in Deutschland, welche Weihnachtsgeschenke Erwachsene lieber nicht bekommen möchten. Ganz oben auf dieser Liste waren bei den Frauen Gegenstände für Küche und Haushalt und bei den Männern Socken und Krawatten. Kleidung und Kosmetik waren in beiden Gruppen nicht beliebt. Nur 3 % der Männer und 5 % der Frauen sagten, dass sie sich

über jedes Geschenk freuen, auch dann, wenn sie es nicht schön finden. Ein Jahr vorher kam eine ähnliche Umfrage zu dem Ergebnis, dass es beim Schenken nicht so wichtig ist, was ein Geschenk kostet. Die Zeit, die man sich für das Geschenk nimmt, war 72 % der Befragten wichtiger! Nur 25 % meinten, dass sie sich besonders über teure Geschenke freuen.
Was soll man aber mit den Geschenken machen, die man nicht schön findet oder schon hat? Man kann versuchen, sie im Geschäft umzutauschen. Oder man bietet die Sachen ganz einfach im Internet zum Verkauf an. So bekommen viele Geschenke nach Weihnachten noch einmal eine zweite Chance!

c) Was passt zusammen? Verbinden Sie.

Bei Geschenken ist **1**	**a** vor Weihnachten eine Wunschliste.
Kinder wünschen sich **2**	**b** Geschenke, die viel kosten, besonders gut.
Manche Geschenke kann man **3**	**c** Zeit wichtiger als Geld.
Viele Männer und Frauen möchten **4**	**d** keine beliebten Weihnachtsgeschenke.
Nur sehr wenige freuen sich **5**	**e** zu Weihnachten keine Kleidung bekommen.
Viele Kinder schreiben **6**	**f** über jedes Geschenk.
Badeschaum und Parfüm sind **7**	**g** heute oft sehr teure Geschenke.
Nur ein Viertel der Befragten findet **8**	**h** im Geschäft umtauschen.

2 **Feste und Jahreszeiten.** Wann feiert man ...? Kreuzen Sie an.

	Weihnachten	Ostern	Stadtfeste	Erntefeste	Silvester	Weinfeste	Karneval	Oktoberfest	Halloween	Valentinstag
1. Frühling										
2. Sommer										
3. Herbst										
4. Winter										

3 **Feste und Feiern.** Was passt? Ergänzen Sie.

1. Valentinstag .... Blume – Geschenk – Brief – Herz – Liebe
2. .... Feier – Einladung – Geschenk – Paar – Gäste
3. .... Maske – Kostüm – Umzug – Rosenmontag
4. .... Bierzelt – Musik – Brezel – Maß – Kellnerin
5. .... Geister – Kinder – Kerze – Süßigkeiten – Kürbis
6. .... Frühling – Hase – Eier – Schokolade
7. .... Baum – Kerze – Geschenke – Familie
8. .... Alter – Kuchen – Kerze – Party – Geschenke

4 Verben mit Dativ und Akkusativ. Ergänzen Sie die Artikel, Pronomen und Possessivbegleiter im Dativ oder Akkusativ.

1. Herr Münte, bitte bringen Sie (die) ……der…… Chefin (die) ……die…… Bewerbungen.
2. Entschuldigung, können Sie (ich) …………… kurz (Ihr) …………… Kuli geben?
3. Ach, Sabine, zeigen Sie (unser) …………… neuen Kollegen doch bitte (das) …………… Labor.
4. Antonio gibt (sein) …………… Lehrer (der) …………… Praktikumsbericht.
5. Sagen Sie, haben wir (die) …………… Kollegen eigentlich bis jetzt immer zum Betriebsjubiläum (ein) …………… Gutschein geschenkt?
6. Bringt (wir) …………… bitte zu Weihnachten (kein) …………… Geschenk mit.
7. Schicken Sie (diese) …………… Kunden bitte bald (eine) …………… Weihnachtskarte.
8. Kauft ihr (euer) …………… Eltern (ein) …………… Geschenk zum 20. Hochzeitstag?

5 Verben mit Dativ. Ergänzen Sie.

1. Ralf: Hallo Bülent, wie gefällt ……deinem…… Vater der neue Computer?

   Bülent: Ich glaube, er gefällt ……ihm…… ganz gut. Er schreibt jetzt E-Mails an unsere Verwandten in der Türkei.
2. Kellner: Schmeckt …………… das Essen nicht?

   Ulrike: Doch, …………… schmeckt es sehr gut. Und …………… , Peter?

   Peter: Na ja, ich finde es nicht so lecker.
3. Herr Uhl: Frau Unger, gehört …………… diese Tasche?

   Frau Unger: Ja, die gehört …………… . Vielen Dank! Wo haben Sie sie gefunden? Ich habe sie schon gesucht!
4. ■ Entschuldigung, können Sie …………… vielleicht helfen? Wir suchen das Sekretariat.

   ◆ Tut mir leid. Ich weiß auch nicht, wo das ist.
5. Herr König: Herr Lindner, ich möchte …………… ganz herzlich zu Ihrem Lottogewinn gratulieren. Was machen Sie denn jetzt mit so viel Geld?

   Herr Lindner: Danke, Herr König. Ich arbeite ab heute nicht mehr bei Ihnen.

   Dieser Job hat …………… noch nie besonders gefallen. Ich mache ab jetzt Urlaub!
6. Habt ihr morgen Zeit? Wir haben gestern einen neuen Kühlschrank gekauft.

   Könnt ihr …………… beim Tragen helfen? Er steht noch in der Garage.

6 **Präpositionen mit Dativ.** Ordnen Sie die Sätze. Ergänzen Sie *aus, bei, nach, von, seit, zu* und *mit* und den Artikel.

Minimemo
bei dem = beim
von dem = vom
zu dem = zum
zu der = zur

1. das Schenken – ist – wichtig – nicht – **bei**
   Der Preis ist beim Schenken nicht wichtig.
2. zusammen – die Hochzeit – manche Gäste – frühstücken – noch – **nach**
   Am Morgen ……………………………………
   …………………………………………….

3. einen Ring – meiner Freundin – die Verlobung – schenke – **zu**
   Ich ……………………………………
   …………………………………………….

4. kannst – ich – in den Osterferien – wohnen – **bei**
   Du ……………………………………
   …………………………………………….

5. bekommt – immer – seine Oma – Socken – **von**
   Er ……………………………………
   …………………………………………….

6. ausziehen – die Wohnung – möchten – vor Ostern – **aus**
   Wir ……………………………………
   …………………………………………….

7. uns – eure Umzugsparty – gesehen – nicht – haben – mehr – wir – glaube – , – **seit**
   Ich ……………………………………
   …………………………………………….

8. du – wirklich – telefoniert – hast – das Christkind – **mit**
   Mama, ……………………………………
   ……………………………………………?

7 **Dativ oder Akkusativ?** Markieren Sie.

1. Frau Sommer wünscht ihrem Kollegen *(Dat./Akk.)* ein frohes neues Jahr *(Dat./Akk.)*.
2. Sind Sie schon mit dem neuen Auto *(Dat./Akk.)* von Ihrer Tochter *(Dat./Akk.)* gefahren?
3. Diese Sonnenbrille gehört mir *(Dat./Akk.)* nicht.
4. Mit dem Foto *(Dat./Akk.)* kannst du dich *(Dat./Akk.)* wirklich nicht bewerben!
5. Bitte helfen Sie Frau Schröder *(Dat./Akk.)* bei der Terminplanung *(Dat./Akk.)*.
6. Kinder, ich kaufe euch *(Dat./Akk.)* heute ganz sicher keine Süßigkeiten *(Dat./Akk.)*!
7. Schmeckt euch *(Dat./Akk.)* die Pizza nicht?
8. Unsere Nachbarn haben gestern geheiratet. Hast du ihnen *(Dat./Akk.)* schon gratuliert?

8 **Bleigießen – ein alter Silvesterbrauch.** **Formulieren Sie Sätze wie im Beispiel.**

Das *Bleigießen* ist ein alter Silvesterbrauch. Nach Mitternacht legt man etwas Blei, das ist ein Metall, auf einen Löffel und hält ihn ein paar Minuten über eine Kerze. Wenn das Blei fast wie Wasser ist, lässt man es schnell in kaltes Wasser fallen. Schon ist die Bleifigur fertig. Jede Figur hat eine andere Bedeutung für die Zukunft.

1. Blume – du findest neue Freunde
   Wenn deine Figur wie eine Blume aussieht, (dann) findest du neue Freunde.
2. Tor – du ziehst bald um
   ……………………………………………
3. Schere – du musst dich bald für oder gegen etwas entscheiden
   ……………………………………………
4. Vogel – du hast viel Glück
   ……………………………………………
5. Herz – du verliebst dich bald
   ……………………………………………
6. Treppe – du hast Erfolg im Beruf
   ……………………………………………
7. Brezel – du hast Probleme in der Liebe
   ……………………………………………
8. Brille – du wirst sehr alt
   ……………………………………………
9. Messer – deine Situation ist gefährlich
   ……………………………………………
   ……………………………………………
10. Ring – du heiratest bald
   ……………………………………………
   ……………………………………………

9 Wann sagt man das? Kreuzen Sie die richtige Antwort an.

1. Herzlichen Glückwunsch!

a) ☐ Wenn man sich entschuldigen möchte.
b) ☐ Wenn man jemandem gratuliert.
c) ☐ Wenn jemand gestorben ist.

2. Das tut mir wirklich leid!

a) ☐ Wenn man sich begrüßt.
b) ☐ Wenn man sich entschuldigen möchte.
c) ☐ Wenn man sich lange nicht gesehen hat.

3. Alles Gute!

a) ☐ Wenn man sich (für eine längere Zeit) verabschiedet.
b) ☐ Wenn jemand viel Glück gehabt hat.
c) ☐ Wenn jemand etwas gut gemacht hat.

4. Viel Glück!

a) ☐ Wenn man wütend ist.
b) ☐ Wenn man jemandem helfen möchte.
c) ☐ Wenn jemand sich um eine neue Stelle bewirbt.

5. Gute Besserung!

a) ☐ Wenn man sich verabschiedet.
b) ☐ Wenn jemand schlechte Laune hat.
c) ☐ Wenn jemand krank ist.

6. Viel Erfolg!

a) ☐ Wenn jemand bald eine Prüfung macht.
b) ☐ Wenn es schon seit drei Tagen regnet.
c) ☐ Wenn man Hilfe braucht.

Viel Glück

11 Mit allen Sinnen

1 Medienberufe: Wer schminkt eigentlich die Schauspieler?

a) Ordnen Sie den Text.

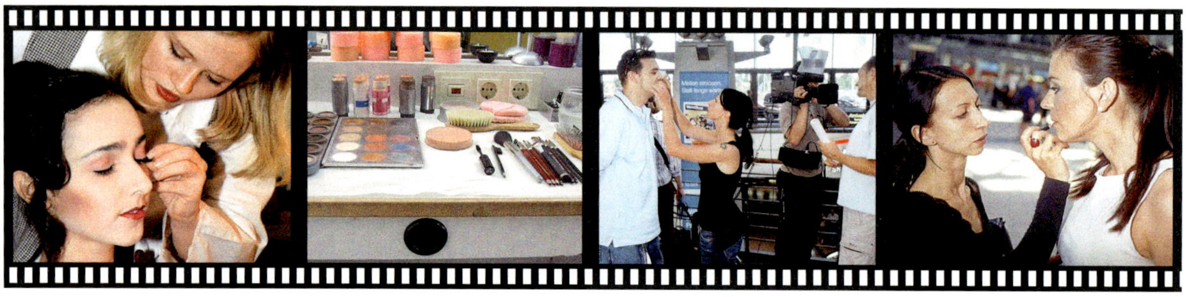

Die Maskenbildnerin muss nun aus der fröhlichen jungen Schauspielerin die Mutter „Ruth Wagner" machen. Sie beginnt mit der Arbeit. Petra ändert zuerst die Haarfarbe und Frisur der Schauspielerin. Dann schminkt sie Anna, bis sie wirklich ganz rote Augen vom vielen Weinen hat und richtig traurig und müde aussieht. Nach 25 Minuten ist Anna fertig.

Die zweite Szene ist endlich fertig. Der Vormittag war sehr anstrengend, aber die Arbeit hat auch wieder Spaß gemacht. Vor der Mittagspause bereitet Petra die Sachen für den Nachmittag vor. Sie darf auf keinen Fall die Blutschminke vergessen. Dann isst sie noch schnell einen Salat und steigt in den Bus ein, mit dem das Filmteam zum nächsten Drehort fährt. Der kleine Sohn von Anna hat da einen schweren Verkehrsunfall.

1 Petras Arbeitstag beginnt immer mit einem Blick in das Drehbuch. Sie muss ganz genau wissen, welche Szenen dran sind, denn nur so kann sie das Aussehen der Schauspieler und Schauspielerinnen richtig vorbereiten. Manchmal müssen die Schauspieler traurig aussehen, oder sie spielen eine Rolle, in der sie ganz alt oder sehr krank sind.

Jetzt läuft die Kamera! Petra sieht sich Annas Aussehen sehr genau an: Sind Schminke und Frisur noch richtig? Wenn sie einen Fehler sieht, muss sie ihn in der nächsten Pause so schnell wie möglich korrigieren. Aber zum Glück ist alles o. k. In der nächsten Szene hat Ruth Wagner ein Bewerbungsgespräch. Petra muss Anna schnell eine neue Frisur machen und die Schminke ändern.

Das richtige Aussehen ist Petras Aufgabe. Sie ist Maskenbildnerin. Heute Morgen kommt zuerst die Schauspielerin Anna zu Petra. Sie setzt sich gleich an den Schminktisch, und die beiden Frauen unterhalten sich noch kurz über das Drehbuch. In dem Film, in dem Anna als Mutter von vier kleinen Kindern eine Hauptrolle spielt, hat sie gerade ihre Arbeit verloren.

b) Wie nennt man Petras Beruf?

....

c) **Lesen Sie den Text noch einmal. Welche Kurzbeschreibung passt am besten zu dem Film? Kreuzen Sie an.**

Familie Wagner
Der Film erzählt die traurige Geschichte einer Mutter von vier kleinen Kindern, die zuerst ihre Arbeit und dann bei einem tragischen Unfall fast ihren Sohn verliert. Sie hat Glück im Unglück, als sie im Krankenhaus den Pfleger Martin kennen lernt. Aber wird am Ende wirklich alles gut?

1. ☐

Kinder, Kinder
Ruth Wagner, 45 und geschieden, verliert plötzlich ihre Arbeit als Maskenbildnerin am Stadttheater. Auf dem Weg zu einem Bewerbungsgespräch hat sie dann auch noch einen Verkehrsunfall. Sie muss mit schweren Verletzungen ins Krankenhaus. Wer bleibt nun bei ihren Kindern?

2. ☐

Michael
Der kleine Michael liegt schon seit zwei Wochen im Krankenhaus, weil er einen Unfall hatte. Ein paar Tage später verliert seine Mutter auch noch ihre Arbeit und weiß jetzt nicht, wie sie die Miete für den nächsten Monat bezahlen soll. Sehen Sie in dieser Tragikomödie, wie der Sohn seiner Mutter in dieser schwierigen Situation hilft.

3. ☐

2 Wortschatz Kino und Theater. Ergänzen Sie.

Goldener Bär

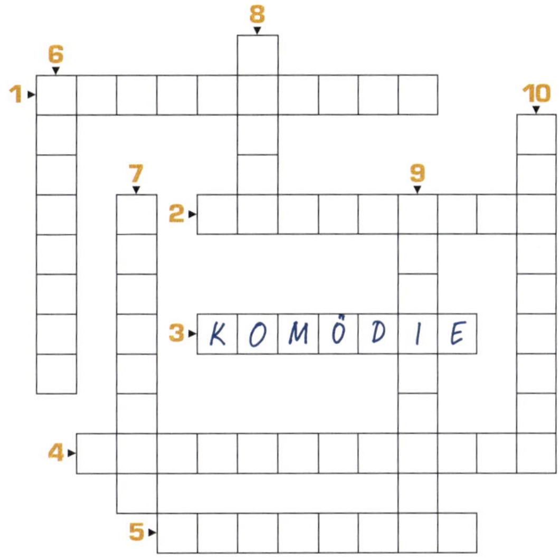

senkrecht

1. Alle Schauspieler hoffen, dass sie einmal die große ... spielen können.
2. Der Goldene Bär ist der höchste ... der Internationalen Filmfestspiele Berlin.
3. Wir waren gestern in einer ... und haben viel gelacht!
4. ... arbeiten auf der Bühne oder vor der Kamera.
5. Viele Schauspieler träumen von der großen ... in Hollywood.

waagerecht

6. Die ... dieses Films ist einfach: Die Geschichte erzählt aus dem Alltag von zwei Freunden.
7. In einem ... steht nicht nur der Text für die Schauspieler.
8. Abends kann man im Fernsehen oft einen ... sehen.
9. Ein ... leitet die Dreharbeiten beim Film oder im Theater.
10. Menschen, die sich einen Film oder ein Theaterstück ansehen, nennt man ... .

3 Was gibt's Neues?

a) Markieren Sie den Genitiv in den Zeitungsüberschriften.

1 Kältester Mai des Jahrhunderts

2 Indien Gastland der Internationalen Buchmesse 2006

3 *Eine Frage des Geschmacks*

4 Einladung zum „Fest der Farben": Picasso, Van Gogh und Klee im Kunsthaus

5 Verein der Tierfreunde feiert 25. Geburtstag

6 Bewohner der Marktstraße sammelten 500 Unterschriften

7 *Start der Renovierungsarbeiten erst im April*

8 Erste Vorstellung des Tanztheaters im neuen Haus

9 *Lauryn Williams aus Florida schnellste Frau der Welt*

10 Diagonale 07: Eröffnung des 10. Festivals des österreichischen Films in Graz

b) Schreiben Sie die Nomen im Nominativ in die Tabelle.

Grammatik

Singular			Plural
der	*die*	*das*	*die*
....	Buchmesse	....	....
....	....	....	....
....	....	....	....

c) Welche Überschriften aus Aufgabe a) passen zu diesen Artikeln? Ergänzen Sie auch die fehlenden Artikel im Genitiv.

1. ....

Zürich. Vom 10. Februar bis zum 14. Mai 2007 zeigt das Kunsthaus Zürich eine .... wichtigsten Privatsammlungen .... modernen Kunst: die Sammlung Merzbacher-Mayer. Die Credit Suisse ist offizieller Partner .... „Fests der Farben".

2. ....

Offenbach. Nach Aussagen .... deutschen Wetterdienstes gibt es in diesem Mai eine Rekordkälte. Besonders im Norden und Nordosten .... Bundesrepublik können die Temperaturen nachts unter 0° Celsius fallen.

3. ....

Mannheim. Der Lärm .... Baustelle für den neuen Busbahnhof in der Marktstraße ist zu groß. Wie die Sprecherin .... Bewohner heute erklärte, ist es manchmal so laut, dass man nicht mehr in Ruhe telefonieren oder fernsehen kann.

4 Indefinita

a) Markieren Sie Singular (Sg.) oder Plural (Pl.).

1. Hast du heute Abend etwas *(Sg./Pl.)* Zeit für mich? Ich muss mal mit dir reden.
2. Einige *(Sg./Pl.)* Menschen sind wirklich nie zufrieden.
3. Eure Party war toll. Alle *(Sg./Pl.)* Gäste haben viel Spaß gehabt!
4. Mir hat nicht alles *(Sg./Pl.)* gefallen, was du gestern gesagt hast.
5. Meine Freundin hat leider nur wenig *(Sg./Pl.)* Interesse an Fußball.
6. Es gibt nicht viele *(Sg./Pl.)*, die immer so gute Laune haben wie du.
7. Nur wenige *(Sg./Pl.)* sind mit dem Testergebnis zufrieden.
8. Manche *(Sg./Pl.)* Bücher finde ich wirklich langweilig.
9. Kann mir jemand *(Sg./Pl.)* sagen, wie viel die Eintrittskarten gekostet haben?
10. Hat sich wirklich niemand *(Sg./Pl.)* auf die Anzeige gemeldet?

b) Ergänzen Sie die Tabelle.

Grammatik

Singular	etwas, ...
Plural	....

5 Ein Abend zu Hause. Ergänzen Sie die Wechselpräpositionen *in, auf, zwischen* und *vor* und die Artikel.

Minimemo
in dem = im
in das = ins
auf das = aufs

1. ■ Was läuft heute Abend eigentlich ......im...... Fernsehen?
   ◆ Keine Ahnung. Ich habe noch nicht .... Programmheft gesehen.
2. ■ Gehst du .... Küche?
   ◆ Ja, warum? Brauchst du etwas?
   ■ .... Tisch steht ein Glas mit Apfelsaft. Bringst du mir das bitte mit?
3. ■ .... Zeitung steht, dass heute Abend auf RTL der „Da Vinci Code" läuft.
   ◆ Den habe ich schon .... Flug nach New York gesehen. Da gab es wenigstens keine Werbung für Suppen und Autos .... spannendsten Szenen.
4. ■ Setz dich doch nicht so nah .... Fernseher! Das ist nicht gut für deine Augen.
   ◆ Wenn ich nicht so nah .... Fernseher sitze, sehe ich aber nicht so gut.
   ■ Ich sage es ja immer, du brauchst eine Brille.
5. ■ Komm doch mal zu mir .... Sofa und schau mit mir den Film an.
   ◆ Danke, ich sitze lieber hier .... Stuhl und lese noch etwas.

6 Alles mit Dativ – aber warum? Ergänzen Sie die Endungen der Artikel und Possessivbegleiter. Ordnen Sie dann A (Präposition und Dativ) oder B (Wechselpräposition + Dativ) zu.

Bei den 56. Internationalen Filmfestspielen in Berlin gab es für Jürgen Vogel 2006 den Silbernen Bären

Jürgen Vogel, geboren am 29. April 1968 in Hamburg, lebt in seiner Kindheit und Jugend zusammen mit sein*en*......¹ (*A*) Eltern und drei Geschwistern in ein......² ( ) Stadtteil von Hamburg. Mit neun Jahren steht er schon als Model für Kindermoden vor d......³ ( ) Kamera. 1986 meldet er sich bei ein......⁴ ( ) Schauspielschule in München an. Er hat von d......⁵ ( ) Schule aber schon nach ein......⁶ ( ) Tag genug und zieht nach Berlin. Da sucht er Jobs beim Film, arbeitet als Koch in ein......⁷ ( ) Großküche und als Paketfahrer bei d......⁸ ( ) Post. Spätestens seit sein......⁹ ( ) Rolle in Sönke Wortmanns Überraschungserfolg „Kleine Haie“ 1992 gehört Jürgen Vogel zu d......¹⁰ ( ) bekanntesten Stars des jungen deutschen Films. Er hat schon in über 80 Kino- und Fernsehfilmen mitgespielt.

7 Kleine Zeichen in SMS und E-Mail. Was bedeuten sie? Ordnen Sie die Wörter zu.

küssen – laut rufen – glücklich sein – traurig sein – ~~wütend sein~~ – weinen

1. :-)	......	4. :-x	......
2. :-I	*wütend sein*	5. :-0	......
3. :-(	......	6. :’-(	......

8 Emotionen ausdrücken

a) *Auf* oder *über*? Markieren Sie. Wo passen beide Präpositionen?

	1. sich ärgern	2. sich freuen	3. wütend sein	4. sauer sein	5. traurig sein
				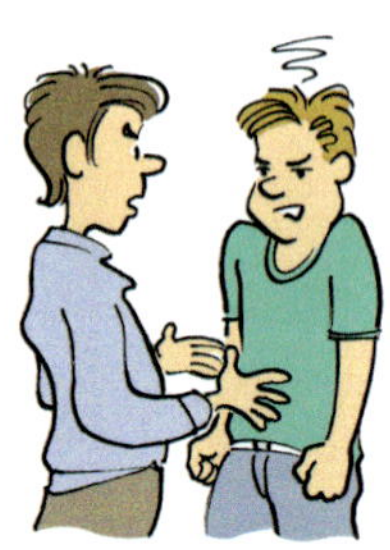	
auf	☐	☐	☐	*X*	☐
über	☐	☐	☐	☐	☐

b) Ergänzen Sie die Präpositionen und Artikel im Akkusativ.

1. Wir haben uns .... vielen Geschenke und Glückwünsche zu unserer Hochzeit sehr gefreut! Vielen Dank!
2. Ich bin sauer .... Chef von Maria, weil er ihr am Valentinstag nicht frei gibt.
3. Markus ist schon wieder wütend .... Nachbarn. Sie waren gestern Abend aber auch wirklich sehr laut.
4. Ärgert ihr euch auch so .... neuen Eintrittspreise im Kino? Die sind jetzt ganz schön teuer!
5. Unsere Kinder freuen sich schon seit Wochen .... Karnevalsfest an ihrer Schule. Sie möchten sich beide als Superman verkleiden.
6. Wir sind traurig .... plötzlichen Tod unserer Katze. Sie fehlt uns sehr!

9 Die beste Freundin. Verbinden Sie die Sätze mit Relativpronomen.

1. Ich bin heute Abend mit Anja verabredet.
   Kennst du eigentlich Anja, *mit der ich heute Abend verabredet bin?*
2. Ich kann mit ihr über alles reden.
   Anja ist eine alte Freundin, ...
3. Wir haben früher oft in ihrem Haus in Frankreich zusammen Urlaub gemacht.
   Hier ist ein Photo von dem Haus, ...
   ....
4. In diesem Haus wohnt Herr Dupont, der Vermieter.
   Das ist das Haus, ...
   ....
5. Ich spiele gern mit Anjas Kindern.
   Hier siehst du Anjas Kinder, ...
6. Ich habe Tim letztes Jahr hier in Berlin einen Ferienjob besorgt.
   Tim ist der älteste Sohn von Anja, ...
   ....
7. Man kann in dem Restaurant auch gut vegetarisch essen.
   Oh nein, schon so spät! Ich muss Anja noch anrufen. Kennst du vielleicht ein nettes Restaurant, ...
8. Ich habe mich gestern mit Regina und Stefan gestritten.
   Du meinst das Restaurant „Grüne Gurke" in der Schillerstraße? Lieber nicht. Da gehen Regina und Stefan immer hin, ...
   ....

Erfindungen und Erfinder

1 Das grüne Gold aus Südamerika

a) Lesen Sie den Text.

Die Kartoffel wurde im 16. Jahrhundert von spanischen und englischen Seefahrern aus Südamerika nach Europa gebracht. Es sollte aber noch einige Zeit dauern, bis sie in Europa ankam. In den ersten Jahren bewunderte man die Pflanze vor allem in den Schlossgärten europäischer Königshäuser als exotische Blume.

Zu dieser Zeit war in Europa noch nicht bekannt, dass man die kleinen grünen Früchte der Kartoffel nicht essen kann. Sie schmecken sehr bitter und man bekommt von ihnen Hals- und Bauchschmerzen. Heute wissen wir nicht genau, wie die Europäer lernten, welchen Teil der Kartoffelpflanze man essen kann. Aber sicher ist, dass sich viele Menschen ein Leben ohne Kartoffeln heute nicht mehr vorstellen können.

Schon im 19. Jahrhundert war die Kartoffel in vielen Regionen Europas eines der wichtigsten Lebensmittel. Dann passierte ein großes Unglück: 1845 erreichte eine neue Krankheit aus Nordamerika Europa. Wenige Wochen vor dem Termin für die Ernte wurde das grüne Laub der Pflanzen im August plötzlich schwarz, und man konnte die Kartoffeln nicht mehr ernten. In den Geschichtsbüchern wird berichtet, dass die folgende Hungerkatastrophe allein in Irland in den nächsten drei Jahren fast zwei Millionen Menschen in den Tod führte. Sehr viele wanderten deshalb in dieser Zeit nach Amerika aus.

Die Kartoffelpflanze

Heute werden aus Kartoffeln nicht nur Lebensmittel, sondern auch viele Produkte hergestellt, die man ganz sicher auf keiner Speisekarte findet. Aus dem Mehl der Kartoffel gewinnt die Industrie zum Beispiel Rohstoffe für Bioverpackungen.

b) Was steht im Text? Geben Sie die Zeilennummern an. Was ist neu? Markieren Sie.

	Zeilen	neu
1. Die Kartoffel kam im 16. Jahrhundert nach Europa.	....	☐
2. Die Tomate wurde auch aus Südamerika nach Europa gebracht.	....	☐
3. Man wird krank, wenn man die Früchte der Kartoffelpflanze isst.	10–12	☐
4. Kartoffeln werden in der Herstellung von Medikamenten und Papier gebraucht.	....	☐
5. In Deutschland werden im Jahr pro Kopf 60–70 Kilo Kartoffeln gegessen.	/	☒
6. Die Kartoffel wurde anfangs als Gartenblume bewundert.	....	☐
7. Kartoffeln müssen vor dem Essen unbedingt gebraten oder gekocht werden.	....	☐
8. In vielen Gegenden werden Kartoffeln auch „Erdäpfel“ genannt.	....	☐
9. Eine Kartoffelpflanze kann krank werden.	....	☐
10. Kartoffeln werden heute von vielen Menschen gern gegessen.	....	☐

2 Wie der Alte Fritz die Preußen das Kartoffelessen lehrte

a) Ordnen Sie die Wörter.

Friedrich der Große (1712–1786)

In der Regierungszeit von Friedrich dem Großen, der oft auch der „Alte Fritz" ENANTNG ....[1] wird, hatten die MESHCENN ....Menschen....[2] in Preußen oft nicht genug zu SSEEN ....[3]. Da lernte er, dass KRAFFTLNOE ....[4] gut schmecken und fast überall AWCHENS ....[5] können.

Die RBAUNE ....[6] in Preußen wollten aber keine Kartoffeln produzieren. Sie hatten GSTNA ....[7], weil sie glaubten, dass man von Kartoffeln NKKRA ....[8] wird. Zu der Zeit EMEINT ....[9] man sogar, dass Kartoffeln BNLDI ....[10] machen können, weil sie im Dunkeln wachsen. Deshalb musste Friedrich der Große den Bauern BEHFELEN ....[11], Kartoffeln zu produzieren. Aber auch das half nicht viel.

Es wird oft berichtet, dass er die Bauern nur mit einem TIRKC ....[12] überzeugen konnte. Seine Männer mussten Tag und CHNAT ....[13] an den ersten großen Kartoffelfeldern STHNEE ....[14] und auf die Kartoffeln aufpassen. Als die Bauern das sahen, dachten sie, dass die Kartoffeln sehr wertvoll sein mussten. Da HOTLNE ....[15] sie sich nachts Pflanzen von den Feldern. Der LNPA ....[16] des „Alten Fritz" war erfolgreich. LBDA ....[17] gab es überall Kartoffelfelder und nicht mehr so viel Hunger im Land.

b) Lesen Sie den Text noch einmal und ordnen Sie den Textablauf.

1 *Dann* gab er seinen Bauern den Befehl, Kartoffeln zu produzieren.

2 *Zum Schluss* haben die Bauern doch noch Kartoffeln produziert.

3 *Danach* gab es aber immer noch nicht genug Kartoffeln.

4 *Zuerst* hörte Friedrich der Große, dass Kartoffeln lecker sind.

5 *Dann* benutzte er einen Trick, um die Bauern von seiner Idee zu überzeugen.

3 Wortschatz Tortenrezept

a) Ergänzen Sie die Wörter im Rätsel. Wie heißt das Lösungswort?

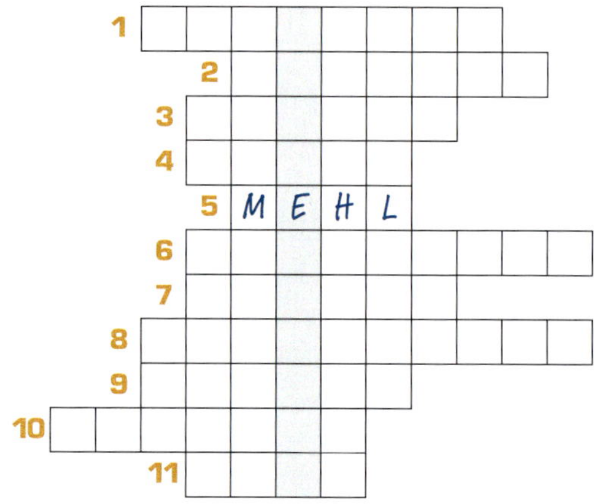

1. Das sind rote Früchte. Sie wachsen auf Bäumen und schmecken sehr lecker. Im Schwarzwald gibt es besonders viele!
2. Sie sind außen braun und innen weiß. Es sind aber keine Nüsse. Man kann aus ihnen Marzipan machen.
3. Er ist weiß oder braun und süß.
4. Sie ist weiß und schmeckt auch im Kaffee oder Tee und auf Erdbeeren gut.
5. Es ist weiß und man braucht es auch zum Brotbacken.
6. Man kann sie aus vielen verschiedenen Früchten machen. Sie schmeckt zum Frühstück auf frischen Brötchen sehr lecker.
7. Sie kommt zwischen das Brötchen und die Marmelade.
8. Es gibt braune und weiße, bittere und süße. Sie wird aus Kakaobohnen gemacht.
9. Sie sind orange und wachsen unter der Erde.
10. Das ist ein Wort für Erdbeeren, Kirschen, Äpfel, Ananas etc.
11. Sie sind außen weiß oder hellbraun. Ohne Hühner gibt es keine!

Lösungswort .... E ....

b) Welche Zutaten gehören nicht in die Torte aus dem Lösungswort?

....

4 Backe, backe Kuchen. Ein altes deutsches Kinderlied. Lesen Sie laut.

* Das ist Fett vom Schwein.
** Das ist ein Gewürz, das die Speisen gelb färbt.
*** gehl = altes Wort für gelb

5 **Wozu braucht man das?** Ordnen Sie zu und schreiben Sie Sätze mit *um ... zu ...*

~~Lebensmittel kühlen~~ – Brot backen – Kopien machen – Kaffee kochen – sich waschen – sich die Zähne putzen – E-Mails schreiben – Freunde anrufen – sich die Nachrichten anhören – einen Notarzt rufen

1. Einen Kühlschrank braucht man, um Lebensmittel zu kühlen.
2. Ein Radio ....
3. Einen Ofen ....
4. Die Notrufnummer ....
5. Zahnpasta ....
6. Ein Telefon ....
7. Einen Kopierer ....
8. Einen Computer ....
9. Wasser ....
10. Eine Kaffeemaschine ....

6 **Aspirin für kranke Gummibäume.** Ergänzen Sie die Haushaltstipps.

1. *Brot ist wieder ofenfrisch:* Altes und trockenes Brot wird kurze Zeit mit etwas Wasser in ein Tuch gepackt und dann 20 Minuten im Ofen gebacken, **damit** es wieder ofenfrisch ist.

2. *Kaffee bleibt länger frisch:* Kaffee wird in den Kühlschrank gestellt, **damit** ....

3. *Beim Zwiebelschneiden nicht weinen:* Man schneidet Zwiebeln unter kaltem Wasser, **um** .... **zu** ....

4. *Dunkle Stellen aus Teetassen entfernen:* Man gibt für ein paar Stunden etwas Backpulver und heißes Wasser in die Teetasse, **um** .... **zu** ....

5. *Der Gummibaum wird wieder gesund:* Wenn ein Gummibaum nicht mehr wächst, steckt man eine Aspirin in die Blumenerde, **damit** ....

6. *Rosen sehen in der Vase länger schön aus:* Man stellt Rosen mit etwas Zucker in warmes Wasser, **damit** ....

7 Die Z3 von Konrad Zuse. Passiv im Präteritum

a) Ergänzen Sie die beiden Tabellen.

Grammatik

Präteritum	
ich	....
du	wurdest
er/es/sie	....
wir	....
ihr	wurdet
sie	....

Konrad Zuse
mit seiner Erfindung, der Rechenmaschine Z3.

Grammatik

Infinitiv	**Partizip II**	**Infinitiv**	**Partizip II**
entwickeln	....	herstellen	....
zeigen	....	bauen	....
schreiben	....	erfinden	....
vorstellen	....	nennen	....

b) Ordnen Sie die Wörter und ergänzen Sie die Sätze.

1. der – in – Erfinder – von – vorstellen – Konrad Zuse – 12.5.1941 – Berlin – am
   Die Z3 *wurde am 12.5.1941 von dem Erfinder Konrad Zuse in Berlin vorgestellt* .
2. in – bauen – Werkstatt – kleine – eine
   Diese große Maschine zum Rechnen ....
3. nennen – Computer – noch nicht
   Die ersten Rechenmaschinen ....
4. herstellen – 1960 – Firma Zuse – die – von
   Das Original ....
5. Z3 – Montreal – Weltausstellung – die – die – zeigen – auf – in
   Im Jahr 1967 ....
6. Konrad Zuse – entwickeln – von – auch
   Eine der ersten Programmiersprachen ....
7. bis – 1936 – von – von – Konrad Zuse – aufschreiben – 1995
   Alle seine Erfindungen, Patente und Vorlesungen ....
   ....

8 **Passiv mit *werden* oder *wurden*? Ergänzen Sie die Verben im Passiv. Achten Sie auf die Konjugation und die richtige Zeit.**

testen – erfinden – machen – bringen – überraschen – fragen – ~~herstellen~~ – entdecken

1. Schokolade ...wird... aus Kakaobohnen, Milch und Zucker ...hergestellt... .
2. .... ihr gestern auch vom Regen ....?
3. Wir .... am nächsten Freitag in Englisch ....
4. .... du heute auch so oft ...., ob du meine Schwester bist?
5. Es .... heute viele Versuche ...., Texte mit Hilfe von Computern zu übersetzen.
6. Die Kartoffel .... im 16. Jahrhundert nicht ...., sondern ....
7. Ich .... als Kind oft von meinen Eltern zu meiner Oma ....

9 **Gute Idee?**

a) Wiederholen Sie Relativsätze.

1. Ich wünsche mir ein Auto. Es kann sehen. ...Ich wünsche mir ein Auto, das sehen kann...
2. Ich möchte ein neues Computerprogramm. Es kann Texte laut vorlesen.
....
3. Ich träume von einer elektrischen Zahnbürste. Sie macht beim Zähneputzen Musik.
....
4. Ich möchte eine Brille. Ich kann mit ihr die Gedanken anderer Menschen lesen.
....
5. Ich wünsche mir Lebensmittelverpackungen. Man kann sie auch essen.
....
6. Ich möchte ein intelligentes Haus. In dem Haus ist die Temperatur immer 22° Celsius.
....
7. Ich denke an ein System. Es beschreibt beim Autofahren den Weg.
....
8. Ich wünsche mir Filme. In den Filmen sieht, hört und riecht man die Handlung.
....

b) Noch ein Traum oder schon Wirklichkeit? Was meinen Sie? Markieren Sie.

	1.	2.	3.	4.	5.	6.	7.	8.
Das gibt es schon!	☐	☐	☐	☐	☐	☐	☐	☐

Leben in Deutschland 4

1 Wofür geben die Deutschen ihr Geld aus? Beschreiben Sie die Statistik.

Am meisten geben die Deutschen für Miete und Heizung aus. Für die Gesundheit geben sie ...

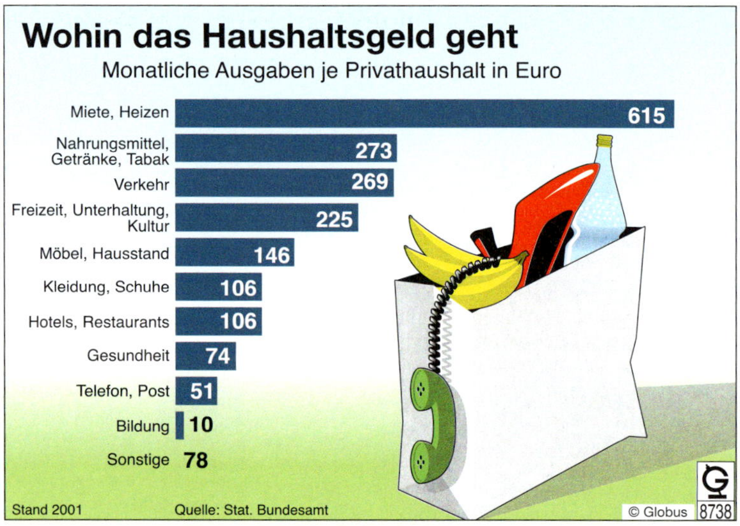

Landeskunde

Viele Sachen kann man auch gebraucht kaufen, z. B. in Second-Hand-Läden oder auf Flohmärkten. In manchen Städten gibt es Zeitungen mit vielen Kleinanzeigen, in denen so gut wie alles angeboten wird. Oder Sie schauen ins Internet, dort finden Sie viele spezielle Seiten, wie z. B. www.kijiji.de; www.ebay.de.

2 Meine Stadt – In der Bibliothek. Lesen Sie den Text und beantworten Sie die Fragen.

Besuchen Sie doch einmal die Bibliothek in Ihrer Stadt. Die Bibliotheken heißen oft „Stadtbibliothek" oder „Stadtbücherei". Dort können Sie Bücher, DVDs, CDs und Kassetten ausleihen, Zeitungen und Zeitschriften lesen oder nach einem Spiel für Ihre Kinder suchen. Das Angebot gibt es oft auch in vielen Fremdsprachen. In der Bibliothek finden Sie auch Lernprogramme, z. B. Sprachkurse und einen Internetzugang. Das Ausleihen ist kostenlos, Sie müssen aber eine Jahresgebühr bezahlen. Für die Anmeldung brauchen Sie Ihren Pass.

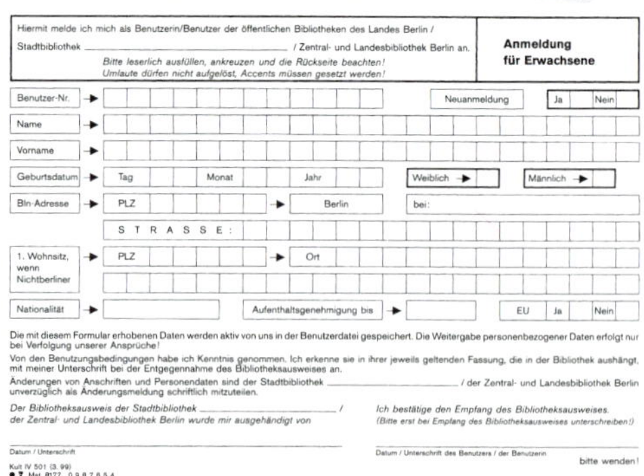

Hiermit melde ich mich als Benutzerin/Benutzer der öffentlichen Bibliotheken des Landes Berlin / Stadtbibliothek ______ / Zentral- und Landesbibliothek Berlin an.
Bitte leserlich ausfüllen, ankreuzen und die Rückseite beachten!
Umlaute dürfen nicht aufgelöst, Accents müssen gesetzt werden!

Anmeldung für Erwachsene

Benutzer-Nr. → | Neuanmeldung: Ja / Nein
Name →
Vorname →
Geburtsdatum → Tag / Monat / Jahr | Weiblich → | Männlich →
Bln-Adresse → PLZ → Berlin | bei:
STRASSE:
1. Wohnsitz, wenn Nichtberliner → PLZ → Ort
Nationalität → | Aufenthaltsgenehmigung bis → | EU Ja / Nein

Die mit diesem Formular erhobenen Daten werden aktiv von uns in der Benutzerdatei gespeichert. Die Weitergabe personenbezogener Daten erfolgt nur bei Verfolgung unserer Ansprüche!
Von den Benutzungsbedingungen habe ich Kenntnis genommen. Ich erkenne sie in ihrer jeweils geltenden Fassung, die in der Bibliothek aushängt, mit meiner Unterschrift bei der Entgegennahme des Bibliotheksausweises an.
Änderungen von Anschriften und Personendaten sind der Stadtbibliothek ______ / der Zentral- und Landesbibliothek Berlin unverzüglich als Änderungsmeldung schriftlich mitzuteilen.

Der Bibliotheksausweis der Stadtbibliothek ______ / der Zentral- und Landesbibliothek Berlin wurde mir ausgehändigt von

Datum / Unterschrift

Ich bestätige den Empfang des Bibliotheksausweises. (Bitte erst bei Empfang des Bibliotheksausweises unterschreiben!)

Datum / Unterschrift des Benutzers / der Benutzerin

bitte wenden!

Kult IV 501 (3. 99)
Mat. 8177. 0 9 8 7 6 5 4

1. Was braucht man für die Anmeldung?
2. Was können Sie ausleihen?
3. In der Bibliothek kann man lesen, aber auch ...
4. Was gibt es für Kinder?

Fragen Sie in Ihrer Bibliothek nach folgenden Informationen:

- Haben Sie ein Anmeldeformular?
- Wie hoch ist die Jahresgebühr?
- Gibt es Ermäßigungen?
- Wie sind die Öffnungszeiten?
- Wie lange können Sie die Bücher etc. ausleihen?

3 **Die GEZ.** **Ihre Freundin hat Ihnen eine E-Mail geschrieben. Lesen Sie den Text und die Informationen und ergänzen Sie die Antwort.**

Antworten | Allen antworten | Weiterleiten | Posteingang

Liebe Maria,
sag mal, ich habe gehört, dass man in Deutschland jeden Monat Geld zahlen muss, wenn man einen Fernseher hat. Stimmt das? Du lebst doch schon längere Zeit hier. Danke für eine Info.
Liebe Grüße
Julia

Wenn Sie ein Radio oder einen Fernseher haben, müssen Sie Rundfunkgebühren an die GEZ (= Gebühreneinzugszentrale) zahlen. Formulare gibt es bei Banken und Sparkassen. Sie können sich auch online anmelden unter: www.gez.de. Die monatliche Gebühr für ein Radio beträgt 5,52 Euro, für Fernseher und Radio zusammen 17,03 Euro (Stand 2007). Die Gebühren zahlt man alle drei Monate. Wenn Sie Kabelfernsehen haben, kostet das monatlich auch noch eine Gebühr. Diese zahlen Sie zusammen mit Ihrer Miete oder direkt an die Firma, die den Kabelanschluss gelegt hat.

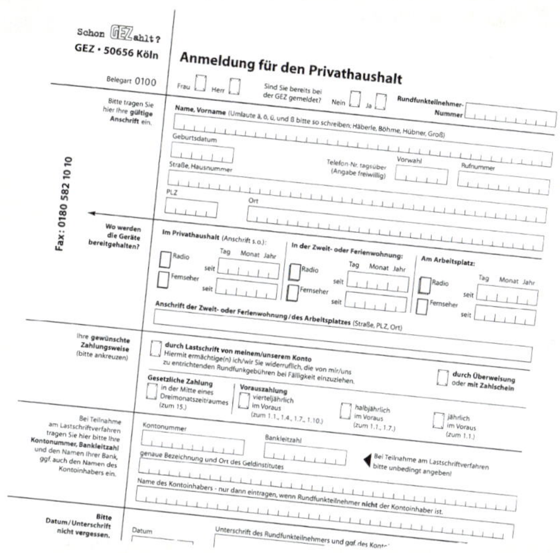

Antworten | Allen antworten | Weiterleiten | Posteingang

Liebe Julia,

ja, das ist ....[1] . Wenn du einen Fernseher hast, musst du alle drei ....[2] ungefähr 50 Euro zahlen. Das Geld geht an die ....[3] , schau doch mal im ....[4] unter: www.gez.de. Das ....[5] gibt es auch bei Banken und Sparkassen. Ist schon ganz schön teuer. Hast du auch ....[6] ? Dann musst du jeden Monat noch etwas extra zahlen. Frag dann doch bei dir im Haus, ob das mit der Miete bezahlt wird oder an wen du das zahlen musst.

Liebe Grüße,
Maria

4 **Eine Nachricht hinterlassen.** In Ihrem Haus finden Sie die folgende Notiz.

Sie sind am 19. April nicht da. Bitten Sie Ihre Nachbarin, Frau Krull, die Firma in die Wohnung zu lassen.

a) Sie rufen Frau Krull an. Schreiben Sie das Telefongespräch.

b) Sie schreiben ihr eine kurze Nachricht.

Wir lesen in Berlin für alle Gas- und Stromanbieter ab.

VATTENFALL GASAG

Ablesung der Strom- und Gaszähler

Donnerstag, den 1 9 0 4 0 7

zwischen 9 **und** 11 **Uhr**

MUSTER

Bitte ermöglichen Sie unserem Mitarbeiter den Zutritt zu den Zählern. Sie können Ihre Zählerstände auch online unter www.vattenfall.de/ablesung bzw. www.gasag.de/ablesung oder über unsere automatische Telefonhotline unter 0180 1 42 72 72* rund um die Uhr mitteilen. Halten Sie hierfür bitte Ihre Vertragskontonummer bereit.

* 9 bis 18 Uhr: 4,6 Cent je Minute, 18 bis 9 Uhr: 2,5 Cent je Minute (aus dem Festnetz der Deutschen Telekom)

Was machen Sie am 19. April?
Was soll Frau Krull für Sie tun?
Wann geben Sie ihr den Schlüssel?
Bedanken Sie sich für die Hilfe.

Liebe Frau Krull,
...

5 **Welcher Kurs passt? Lesen Sie die Situationen und die Anzeigen. Suchen Sie zu jeder Situation eine passende Anzeige. Für eine Situation passt keine Anzeige. Tragen Sie hier ein X ein.**

1. ☐ Ihre Tochter ist in der Schule schlecht in Französisch.
2. ☐ Sie sind immer nervös und können nachts schlecht schlafen. Sie haben zu viel Arbeit und zu viele Probleme.
3. ☐ An Ihrem Arbeitsplatz haben Sie keine Probleme, mit Ihren Kollegen auf Deutsch zu sprechen. Aber bei Telefongesprächen sind Sie noch unsicher.
4. ☐ Sie haben noch nie mit dem Computer gearbeitet und brauchen Hilfe.
5. ☐ In Ihrem Heimatland haben Sie eine Ausbildung zum Buchhalter gemacht. Sie möchten gern in Deutschland in Ihrem Beruf arbeiten und suchen einen Kurs, in dem Sie lernen, wie Buchhaltung in Deutschland funktioniert.
6. ☐ Sie besuchen einen Deutschkurs an der Volkshochschule und suchen einfache Bücher auf Deutsch.
7. ☐ Sie möchten auch nach der Arbeit am Abend etwas Sport machen.
8. ☐ Sie möchten mehr über das Internet lernen. Grundkenntnisse haben Sie schon.

Aufbaukurs:
Sichere Navigation im Internet

Sie haben bereits Interneterfahrung. Sie möchten aber noch mehr wissen. Sie lernen mehr über das www, E-Mail-Funktionen und den Chat.

Tel. Anmeldung und Informationen über Termine während der Öffnungszeiten unter 0551-234127

a

Stress erleben, verstehen und bewältigen

Stress erleben wir in vielen Situationen und reagieren oft sehr unkontrolliert. Ursache für Stress können sein: Zeitdruck, Probleme im Beruf oder in der Partnerschaft oder Freizeit. Hier lernen Sie Strategien, in Stresssituationen ruhiger zu bleiben.

VHS Frankfurt-Höchst
Ort: Bildungs- und Kulturzentrum
10. März, 18.30 – 20.00 Uhr
40 Euro

b

VOLKSHOCHSCHULE TUTTLINGEN

Grundkurs: Buchhaltung

Der Grundlehrgang dient der systematischen und praxisbezogenen Einführung in die doppelte Buchführung. Der Kurs kann mit einer Verbandsprüfung abgeschlossen werden.

Zeit: Di 20.15–21.45 Uhr
Beginn: 1.2.2005, 10 Wochen
Ort: VHS-Zentrum Raum 105
Preis: 60 Euro

c

Sie haben gerade ein neues Handy gekauft und möchten mehr darüber wissen?

In unserem Einsteigerkurs lernen Sie die Funktionen des Handys kennen und Sie lernen, das Handy gezielt und richtig einzusetzen.

Kursgebühren: 35,00 Euro
Telefonische Anmeldung: 0641 / 36541

d

Tanzschule Großmann

Lateinamerikanische Tänze – das ist Ausdruck von Spaß und Lebensfreude.

In diesem Kurs lernen Sie die Grundschritte von Samba, Salsa und Merengue.

3 Wochenenden:
Samstag: 10.00–16.00 Uhr
Sonntag: 10.00–14.00 Uhr

Beginn: 5. März

Anmeldung unter Telefon 0201-68 43 125

e

Grundlagen WINDOWS, WORD, Internet

Für Computeranfänger/innen. Sie lernen den Aufbau und die Funktionsweise des PCs, die Benutzeroberfläche WINDOWS und das Textverarbeitungsprogramm WORD kennen. Außerdem bekommen Sie eine Einführung in das Internet. Nach dem Kurs wissen Sie, wie Sie mit den Programmen arbeiten können, Sie lernen, einfache Texte zu schreiben und wie Sie eine Website im Internet aufsuchen. Vorkenntnisse sind nicht erforderlich.

VHS Hannover
Ort: Ricarda-Huch-Schule
Di + Do 9.00 – 12.15 Uhr
6. Feb. – 6. März, 8x, € 160,–

f

Stadtbücherei Frankfurt

Lernen Sie Deutsch?
Lernen Sie Lesen und Schreiben?

Die Internationale Bibliothek

bietet Ihnen vielfältige Lernmöglichkeiten begleitend zu Ihrem Volkshochschulkurs.

Ausleihe von Medien aller Art

Lernen in der Bibliothek

PC-Lernstudio
in der Stadtteilbibliothek Gallus

Service für Lehrende
u. a. Bibliothekseinführungen

Die Nutzung vor Ort ist kostenlos.
Jährliches Ausleihentgelt: 10 €
Inhaber/innen des Frankfurtpasses leihen kostenlos aus.

Stadtteilbibliothek Gallus
Idsteiner Straße 65
Tel. (069) 212-34744
Di 10–13 und 15–19 Uhr /
Mi, Fr 14–17 Uhr / Do 14–19 Uhr

Bibliothekszentrum Höchst
Michael-Stumpf-Straße 2
Tel. (069) 212-45584
Di, Do 13–19 Uhr /
Mi, Fr 11–17 Uhr / Sa 10–13 Uhr

Infos unter:
www.stadtbuecherei.frankfurt.de

i

UNTERRICHTSANGEBOTE

Nachhilfe in allen Fächern beim Studienzirkel. Intensivtraining, Abi-Vorbereitung. Einzel- und Gruppenkurse. Tel. 030 / 202 17 77

Probleme mit Französisch? Franzose erteilt Nachhilfe. Tel. 030-8975 135 oder E-Mail Pierre-Deneuve@web.de

Sprachstudentin gibt Nachhilfe in Englisch und Französisch bis zur 10. Klasse. Tel. 030-234 651

g

Wenn Sie in Ihrem Beruf viel telefonieren müssen, ist dieser Kurs das richtige Angebot. Sie lernen, die Gesprächssituationen sicher zu beherrschen.

Schule am Niederbronnerweg

Kursgebühr: 75,00 Euro

Freitag, 08.04.2005, 18.00–21.00 Uhr
Samstag, 09.04.2005, 9.00–17.00 Uhr

Anmeldung unter Telefon 0821-170 324 7651 oder per E-Mail an post@lernzentrum-augsburg.de

h

Landeskunde

www.meinestadt.de ist die Internetseite für über 12 000 Städte in Deutschland. Hier finden Sie Informationen zu Jobs, Lehrstellen und Firmen. Es gibt Wohnungsangebote, einen Veranstaltungskalender und Sie finden alle wichtigen Telefonnummern in Ihrer Stadt.

Bildquellen

S. 9	links: © PixelQuelle.de – rechts: © Gewobag, Link
S. 10	© Bananastock (RF)
S. 12	© Tatsachen über Deutschland, www.tatsachen-ueber-deutschland.de
S. 13	© Frankfurter Buchmesse, Hirth
S. 16	© insel taschenbuch
S. 17	© X Filme
S. 20	© Comstock (RF)
S. 22	© Bananastock (RF)
S. 23	© Bananastock (RF)
S. 28	Mitte oben: © PixelQuelle.de – Mitte unten: © BilderBox.com – rechts: © Cornelsen, Garve
S. 34	Mitte links: © PixelQuelle.de – Mitte rechts und rechts: © Cornelsen, Schulz
S. 35	© Berlinale
S. 38	© Berlinale
S. 40	links: © GNU FDL, M. Linnenbach – rechts: © Cornelsen, Corel-Library
S. 41	© frei
S. 42	© GNU FDL CC, 2005 D. Monniaux
S. 44	© Siemens Russia
S. 48	© Vattenfall

Cover	oben: © Picture Press, Wartenberg – unten: © Stiftung Lebendige Stadt
S. 4	links: © Digitalstock – rechts: © mauritius images, Merten
S. 11	© mauritius images, Bergmann
S. 14	© mauritius images / The Copyright Group
S. 15	oben: © ullstein bild – unten: © ullstein bild / Granger Collection
S. 18	oben: © mauritius images, Pigneter – Mitte: © mauritius images / age fotostock – rechts: © mauritius images, Ripp
S. 28	links: © BilderBox.com
S. 29	© BilderBox.com
S. 32	© mauritius images, Enzinger
S. 34	links: © ullstein bild / dpa
S. 46	© Globus

Nicht alle Copyrightinhaber konnten ermittelt werden; deren Urheberrechte werden hiermit vorsorglich und ausdrücklich anerkannt.

studio d A2

Deutsch als Fremdsprache

Sprachtraining | Teilband 2
Lösungen

Cornelsen

7 Zu Hause

1

a) 3, 6, 1, 5, 4, 2

b) *Richtig ist die Reihenfolge* Nr. 3.

c) 1d, 3f, 4e, 5b, 6c, 7h, 8g

2

1. Keller, 2. Dachgeschoss, 3. Altbau, 4. Zimmer, 5. Balkon, 6. Erdgeschoss, 7. Wohnfläche, 8. Garten

3

1. der Umzugstermin, 3. die Umzugsfirma, 4. das Umzugschaos, 5. der Umzugskarton, 6. die Umzugscheckliste

4

2. neben dem; 3. An der, hinter der; 4. im, neben dem; 5. im, zwischen dem ... der; 6. im, vor dem; 7. im, der

5

2. Konntet ... – Nein, wir konnten die teure Wohnung nicht mehr bezahlen.
3. Durfte ... – Nein, sie durfte noch nicht alleine leben.
4. Musstest ... – Ja, ich musste im Haushalt helfen.
5. Wolltest ... – Nein, ich wollte nicht in die Stadt ziehen, ...

6

2: war, 3: waren, 4: war, 5: hatte, 6: war, 7: war, 8: hatten, 9: hatten, 10: waren, 11: war, 12: hatte, 13: hatten, 14: hattet, 15: waren, 16: hatten

7

2. (f) Als die Kinder noch klein waren.
3. (c) ..., als ich in Berlin studiert habe.
4. (e) ..., als mein Mann arbeitslos war.
5. (b) ..., als wir in die Stadt gezogen sind.
6. (d) Als ich ihn einmal nach Hause gebracht habe, ...

8

Vorteile:
2. ..., dass wir die Wohnung nicht renovieren müssen.
3. ..., dass das Wohnzimmer schön hell und groß ist.
4. ..., dass die Wohnung schon ab dem 1.8. frei ist.

Nachteile:
6. ..., weil es im Haus keinen Fahrradkeller gibt.
7. ..., weil die Wohnung keinen Balkon hat.
8. ..., weil das Kinderzimmer sehr klein ist.

9

2. ..., wie alt die Heizung ist?
3. ..., ob es in der Umgebung einen Park oder Wald gibt?
4. ..., dass wir eine Katze haben?
5. ..., wie hoch die Nebenkosten sind?
6. ..., wann wir die Wohnung besichtigen können.
7. ..., ob es auch einen Fahrradkeller im Haus gibt?

10

2. Ich falle fast jeden Morgen über dein Fahrrad, das immer im Treppenhaus steht.
3. Wann willst du denn mal den Ofen reparieren, der schon so lange kaputt ist?
4. Wo sind eigentlich die neuen Fenster, die wir schon im Juli bestellt haben?
5. Wann ist die Renovierung fertig, die jetzt schon drei Monate dauert?
6. Ich habe dir schon letzten Monat Geld für die Miete geliehen, die du nicht bezahlen konntest.
7. Hat eigentlich jemand den Putzplan gelesen, den ich gestern geschrieben habe?

11

a)
13 V, 1 V, 6 M, 2 M, 11 V, 4 M, 9 V, 3 V, 7 V, 5 V, 10 M, 12 M, 8 M

b) Anzeige 3

8 Kultur erleben

1

2. Kultur (Zeile 5)
3. Musik, Theater oder Kunst (Zeile 6)
4. Wandertheater (Zeilen 9/10)
5. Literatur (Zeilen 14/15)
6. Buchmesse (Zeilen 16/17)
7. Filme (Zeile 19)
8. Filmakademie (Zeile 22)

2

2d, 3i, 4f, 5a, 6e, 7b, 8g, 9c

3

2. Stadion, 3. Zeit, 4. Unterkunft, 5. Abendvorstellung, 6. Konzert, 7. Reisegruppe, 8. Stadtführer

4

1. mit ... verlobt, 2. in ... verliebt, 3. mit ... verheiratet, 4. mit ... befreundet, 5. in ... verliebt, 6. mit ... verlobt; mit ... verheiratet

5

2: waren, 3: reiste, 4: besuchte, 5: machten, 6: studierte, 7: arbeitete, 8: heiratete, 9: kennen lernte, 10: trennte, 11: heiratete, 12: hatten, 13: holte, 14: lehrte, 15: hatte, 16: gründete, 17: ausstellte, 18: bekam, 19: ging

6

2. Werther lernte Lotte auf einem Ball kennen und verliebte sich sofort in sie.
3. Aber Lotte war mit Werthers Freund Albert verlobt, der oft auf Reisen war.
4. Werther besuchte Lotte gern.
5. Sie war schön und alle bewunderten sie, weil sie sich liebevoll um ihre acht jüngeren Geschwister kümmerte.
6. Lotte hatte Sympathien für Werther, aber sie liebte ihren Verlobten.
7. Weil Lotte Albert heiratete, endete Werthers Liebe tragisch.

7

1. arbeitete, 2. gab, sollten, war, 3. lernte kennen, 4. heiratete, 5. studierte, 6. war, 7. wählte

8

Dialog 1:
+ Hallo Ulli, hier ist Jana. Wollte mal hören, wie es dir geht. Was machst du so?
– (a) Eigentlich nichts Besonderes. Ich mache mir gerade Abendbrot. Und du?
+ Ich bin gerade erst nach Hause gekommen. Hast du Lust, ins Kino zu gehen?
– (j) Heute Abend kann ich leider nicht, aber morgen habe ich Zeit.
+ Morgen ist auch in Ordnung. Hast du den neuen Film mit Daniel Brühl und Jürgen Vogel schon gesehen?
– (h) Meinst du vielleicht „Ein Freund von mir“?
+ Ja, der läuft gerade im „Schlosspalast“ bei mir um die Ecke.
– (f) Weißt du auch, zu welchen Zeiten der läuft?
+ Moment, ich habe hier irgendwo das Kinoprogramm für diese Woche.
– (e) Soll ich mal schnell im Internet nachsehen?
+ Nein, nein, ich habe es schon gefunden. Der Film läuft morgen Abend um 19 Uhr und um 21.30 Uhr.
– (b) Halb zehn finde ich zu spät, aber sieben passt mir gut. Soll ich die Karten reservieren?
+ Nein, das mache ich schon. Ich rufe dich gleich wieder an.
– (l) Okay, dann bis gleich.

Dialog 2:
+ Schlosspalast, guten Abend!
– (d) Guten Abend. Ich möchte eine Reservierung für morgen machen.
+ Moment ... Welchen Film möchten Sie denn sehen?
– (i) „Ein Freund von mir“ um 19 Uhr.
+ Und wie viele Karten brauchen Sie?
– (g) Zwei. Einmal mit Studentenermäßigung, bitte.
+ Mal sehen. Das tut mir leid. Ich habe leider nur noch Karten für die Spätvorstellung. Geht das auch?
– (c) Ich weiß nicht. Ich rufe Sie später wieder an. Vielen Dank!
+ Kein Problem. Auf Wiederhören!
– (k) Auf Wiederhören!

9 Arbeitswelten

1

a) 1c, 2b, 3b, 4a, 5c

b) *Richtig sind die Aussagen* 1, 3, 5, 8, 9.

2

1. Anschrift, 2. Grundschule Hasbergen, 3. Abschluss, 5. Kauffrau für audiovisuelle Medien, 6. Berufserfahrung, 7. Mediengestaltung GmbH & Co. KG, 8. 07/2003-07/2006, 9. Fremdsprachen, 10. Reisen

3

1: gemacht, 3: gemacht, 4: gearbeitet, 5: gesucht, 6: beworben, 7: gefunden

4

1. Schichtarbeit, 2. Umschulung, 3. Schulabschluss, 4. Betrieb, 5. Firma, 6. Teilzeit, 7. Studium, 8. Bewerbung, 9. Angestellte, 10. Tätigkeit, 11. Berufsschule, 12. Praktikum, 13. Lebenslauf, 14. Lehrjahr, 15. Vertrag, 16. Stellenanzeige

Lösungswort: Ausbildungsplatz

5

2. Einladungen, 3. Beratung, 4. Buchung, 5. Bestellung, 6. Bewerbung, 7. Ausbildung

6

a)
Fremdsprachensekretär/in: 2: Telefonieren, 3: Verabreden, 4: Arbeiten, 5: Übersetzen

b)
Kulturmanager/in: 1: Entwickeln, 2: Planen, 3: Organisieren, 4: Zusammenarbeiten, 5: Mieten

7

2. denn, 3. denn, 4. weil, 5. weil, 6. weil, 7. denn, 8. weil

8

2. Hättest, 3. Könnten, 4. Könntet, 5. könnten, 6. Hätten, 7. hätten, 8. Hätten

9

a) 1, 3, 5, 7, 9, 4, 10, 8, 2, 6

b) 2, 8, 4, 5, 3, 6, 7, 1

Leben in Deutschland 3

1

1a, 2f, 3e, 4d, 5b, 6c

2

Richtig sind die Aussagen 2 *und* 4.
1. Um die Lohnsteuerkarte muss sich der Arbeitnehmer kümmern. Man erhält sie von der Stadt oder Gemeinde.
3. Nur Mitglieder der evangelischen oder katholischen Kirche bezahlen Kirchensteuer.

3

1. Irina Bulgakova verdient 1600 Euro brutto.
2. Sie verdient 761 Euro netto.
3. Sie bezahlt 418,50 Euro Lohnsteuer und 33,48 Euro Kirchensteuer.

5

1. ... Wohnungsangebote. 2. ... den Brief an die Zeitung schicken. Die Zeitung gibt Ihren Brief dem Vermieter weiter. 3. Vermieter – Makler 4. ... die Kaution zurück. 5. ... einen Wohnberechtigungsschein. Man bekommt ihn vom Wohnungsamt und muss dafür eine Verdienstbescheinigung vorlegen. 6. ... vermieten Zimmer oder Wohnungen auf Zeit. Das ist billiger als ein Hotel.

6

Formulare/Pässe: Anmeldeformular, Verdienstbescheinigung, Mutterpass, Lohnsteuerkarte, Sozialversicherungsausweis, Personalausweis, Reisepass

Behörden/Ämter: Einwohnermeldeamt, Finanzamt, Bürgeramt, Wohnungsamt

Geld und Versicherung: Krankenversicherung, Pflegeversicherung, Bruttogehalt, Nettogehalt, Rentenversicherung, Betrag, Kaution, Provision, Miete

10 Feste und Geschenke

1

a) 2, 3, 4, 5, 7

b) 1c, 2g, 3h, 4e, 5f, 7d, 8b

2

Frühling: Ostern
Sommer: Stadtfeste
Herbst: Erntefeste, Weinfeste, Oktoberfest, Halloween
Winter: Weihnachten, Silvester, Karneval, Valentinstag

3

2. Hochzeit, 3. Karneval, 4. Oktoberfest, 5. Halloween, 6. Ostern, 7. Weihnachten, 8. Geburtstag

4

2. mir, Ihren; 3. unseren, das; 4. seinem, den; 5. den, einen; 6. uns, kein; 7. diesen, eine; 8. euren, ein

5

2. Ihnen, mir, dir; 3. Ihnen, mir; 4. uns; 5. Ihnen, mir; 6. uns

6

2. Am Morgen nach der Hochzeit frühstücken manche Gäste noch zusammen.
3. Ich schenke meiner Freundin zur Verlobung einen Ring.
4. Du kannst in den Osterferien bei mir wohnen.
5. Er bekommt immer Socken von seiner Oma.
8. Wir möchten vor Ostern aus der Wohnung ausziehen.
9. Ich glaube, wir haben uns seit eurer Umzugsparty nicht mehr gesehen.
10. Mama, hast du wirklich mit dem Christkind telefoniert?

7

1. Akk., 2. Dat. – Dat., 3. Dat., 4. Dat. – Akk., 5. Dat. – Dat., 6. Dat. – Akk., 7. Dat., 8. Dat.

8

2. Wenn deine Figur wie ein Tor aussieht, (dann) ziehst du bald um.
3. Wenn deine Figur wie eine Schere aussieht, (dann) musst du dich bald für oder gegen etwas entscheiden.
4. Wenn deine Figur wie ein Vogel aussieht, (dann) hast du viel Glück.
5. Wenn deine Figur wie ein Herz aussieht, (dann) verliebst du dich bald.
6. Wenn deine Figur wie eine Treppe aussieht, (dann) hast du Erfolg im Beruf.
7. Wenn deine Figur wie eine Brezel aussieht, (dann) hast du Probleme in der Liebe.
8. Wenn deine Figur wie eine Brille aussieht, (dann) wirst du sehr alt.
9. Wenn deine Figur wie ein Messer aussieht, (dann) ist deine Situation gefährlich.
10. Wenn deine Figur wie ein Ring aussieht, (dann) heiratest du bald.

9

1b, 2b, 3a, 4c, 5c, 6a

11 Mit allen Sinnen

1

a) 3, 5, 1, 4, 2

b) Maskenbildnerin

c) 1

2

senkrecht: 1. Hauptrolle, 2. Filmpreis, 4. Schauspieler, Karriere

waagerecht: 6. Handlung, 7. Drehbuch, 8. Krimi, 9. Regisseur, 10. Zuschauer

3

a)
2. Indien Gastland **der** Internationalen Buchmesse 2006
3. Eine Frage **des** Geschmack**s**
4. Einladung zum „Fest **der** Farben": Picasso, Van Gogh und Klee im Kunsthaus
5. Verein **der** Tierfreunde feiert 25. Geburtstag
6. Bewohner **der** Marktstraße sammelten 500 Unterschriften
7. Start **der** Renovierungsarbeiten erst im April
8. Erste Vorstellung **des** Tanztheater**s** im neuen Haus
9. Lauryn Williams aus Florida schnellste Frau **der** Welt
10. Diagonale 07: Eröffnung **des** 10. Filmfestival**s des** österreichischen Film**s** in Graz

b)
Singular: der: Geschmack, Film, die: Marktstraße, Welt, das: Jahrhundert, Tanztheater, Filmfestival
Plural: Farben, Tierfreunde, Renovierungsarbeiten

c)
1. Einladung zum „Fest der Farben": Picasso, Van Gogh und Klee im Kunsthaus – der, der, des
2. Kältester Mai des Jahrhunderts – des, der
3. Bewohner der Marktstraße sammelten 500 Unterschriften – der, der

4

a)
2. Pl., 3. Pl., 4. Sg., 5. Sg., 6. Pl., 7. Pl., 8. Pl., 9. Sg., 10. Sg.

b)
Singular: alles, wenig, jemand, niemand
Plural: einige, alle, viele, wenige, manche

5

1. ins; 2. in die, auf dem; 3. in der, auf dem, zwischen den; 4. vor den, vor dem (vorm); 5. aufs, auf dem

6

2: einem (B), 3: der (B), 4: einer (A), 5: der (B), 6: einem (A), 7: einer (B), 8: der (A), 9: seiner (A), 10: den (A)

7

1. glücklich sein, 3. traurig sein, 4. küssen, 5. laut rufen, 6. weinen

8

a)
1. über, 2. auf/über, 3. auf, 5. über

b)
1. über die, 2. auf den, 3. auf die, 4. über die, 5. auf das, 6. über den

9

2. ..., mit der ich über alles reden kann.
3. ..., in dem wir früher oft in Frankreich zusammen Urlaub gemacht haben.
4. ..., in dem Herr Dupont, der Vermieter, wohnt.
5. ..., mit denen ich gern spiele.
6. ..., dem ich letztes Jahr hier in Berlin einen Ferienjob besorgt habe.
7. ..., in dem man auch gut vegetarisch essen kann?
8. ..., mit denen ich mich gestern gestritten habe.

12 Erfindungen und Erfinder

1

b)
1. Zeilen 1–3, 2. neu, 4. neu, 6. Zeilen 6–7, 7. neu, 8. neu, 9. Zeilen 21–24, 10. Zeilen 14–16

2

a)
1: genannt, 3: essen, 4: Kartoffeln, 5: wachsen, 6: Bauern, 7: Angst, 8: krank, 9: meinte, 10: blind, 11: befehlen, 12: Trick, 13: Nacht, 14: stehen, 15: holten, 16: Plan, 17: Bald

b)
4, 1, 3, 5, 2

3

a)
1. Kirschen, 2. Mandeln, 3. Zucker, 4. Sahne, 6. Marmelade, 7. Butter, 8. Schokolade, 9. Möhren, 10. Früchte, 11. Eier

Lösungswort: Sachertorte

b)
Kirschen, Mandeln, Sahne, Möhren

5

b)
2. ... braucht man, um sich die Nachrichten anzuhören.
3. ... braucht man, um Brot zu backen.
4. ... braucht man, um einen Notarzt zu rufen.
5. ... braucht man, um sich die Zähne zu putzen.
6. ... braucht man, um Freunde anzurufen.
7. ... braucht man, um Kopien zu machen.
8. ... braucht man, um E-Mails zu schreiben.
9. ... braucht man, um sich zu waschen.
10. ... braucht man, um Kaffee zu kochen.

6

2. ... er länger frisch bleibt.
3. ... beim Zwiebelschneiden nicht zu weinen.
4. ... dunkle Stellen aus Teetassen zu entfernen.
5. ... er wieder gesund wird.
6. ... sie in der Vase länger schön aussehen.

7

a)
Präteritum von werden: ich wurde, er/es/sie wurde, wir wurden, sie wurden
Partizip II: entwickelt, gezeigt, geschrieben, vorgestellt, hergestellt, gebaut, erfunden, genannt

b)
2. ... wurde in einer kleinen Werkstatt gebaut.
3. ... wurden noch nicht Computer genannt.
4. ... wurde 1960 von der Firma Zuse hergestellt.
5. ... wurde die Z3 auf der Weltausstellung in Montreal gezeigt.
6. ... wurde auch von Konrad Zuse entwickelt.
7. ... wurden von 1936 bis 1995 von Konrad Zuse aufgeschrieben.

8

2. Wurdet ... überrascht? 3. ... werden ... getestet.
4. Wirst ... gefragt, ... 5. ... werden ... gemacht,
6. ... wurde ... erfunden, ... entdeckt. 7. ... wurde ... gebracht.

9

a)
2. Ich möchte ein neues Computerprogramm, das Texte laut vorlesen kann.
3. Ich träume von einer elektrischen Zahnbürste, die beim Zähneputzen Musik macht.
4. Ich möchte eine Brille, mit der ich die Gedanken anderer Menschen lesen kann.
5. Ich wünsche mir Lebensmittelverpackungen, die man auch essen kann.
6. Ich möchte ein intelligentes Haus, in dem die Temperatur immer 22° Celsius ist.
7. Ich denke an ein System, das beim Autofahren den Weg beschreibt.
8. Ich wünsche mir Filme, in denen man die Handlung sieht, hört und riecht.

b)
Das gibt es schon! *Die Ideen:* 2., 5., 6., 7.

Leben in Deutschland 4

2

1. Für die Anmeldung braucht man einen Pass.
2. Man kann Bücher, DVDs, CDs, Kassetten, Spiele und Lernprogramme, z. B. Sprachkurse ausleihen.
3. In der Bibliothek kann man lesen, aber auch im Internet surfen.
4. Für Kinder gibt es Bücher und Spiele.

3

1: richtig, 2: Monate, 3: GEZ, 4: Internet, 5: Formular, 6: Kabelfernsehen

4

b) *Vorschlag:*

Liebe Frau Krull,
ich muss am 19. April leider arbeiten. Könnten Sie die Firma Vattenfall in die Wohnung lassen? Ich kann Ihnen nächste Woche den Schlüssel bringen. Vielen Dank!

Mit freundlichen Grüßen
Dagmar Garve

5

1g, 2b, 3h, 4f, 5c, 6i, 7X, 8a